ÉLÉMENTS

D'ÉCONOMIE POLITIQUE

PAR

ÉMILE DE LAVELEYE

PROFESSEUR D'ÉCONOMIE POLITIQUE A L'UNIVERSITÉ DE LIÈGE

MEMBRE CORRESPONDANT DE L'INSTITUT

SEPTIÈME ÉDITION

PARIS

LIBRAIRIE HACHETTE ET Cie

79, BOULÉVARD SAINT-GERMAIN, 79

ÉLÉMENTS

D'ÉCONOMIE POLITIQUE

49 066. — Imprimerie LAHURE, 9, rue de Fleurus, Paris.

ÉLÉMENTS D'ÉCONOMIE POLITIQUE

PAR

ÉMILE DE LAVELEYE

PROFESSEUR D'ÉCONOMIE POLITIQUE A L'UNIVERSITÉ DE LIÈGE

MEMBRE CORRESPONDANT DE L'INSTITUT

SEPTIÈME ÉDITION

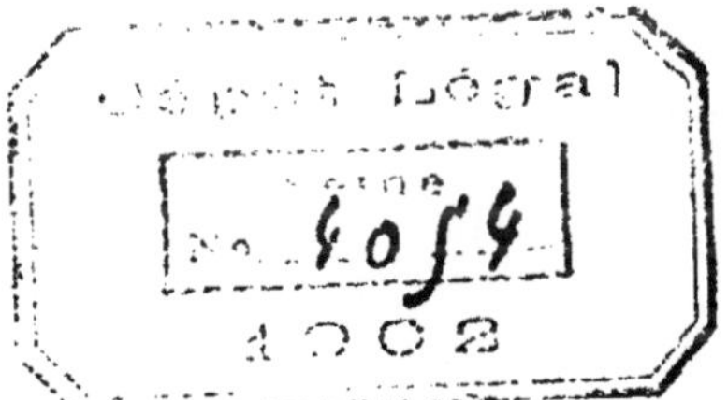

PARIS

LIBRAIRIE HACHETTE ET Cie

79, BOULEVARD SAINT-GERMAIN, 79

1902

PRÉFACE

Dans ce traité élémentaire, destiné à l'enseignement, je m'écarte assez souvent de la marche habituellement suivie, parce que, suivant moi, l'objet de l'Économie politique n'est pas celui qu'on indique d'ordinaire.

Ce qui importe, ce me semble, c'est la conduite des individus et des États, concernant la production et l'emploi des biens, c'est-à-dire le côté moral et politique de notre science.

Dans les résumés, où il faut tout condenser en quelques pages, on se borne souvent aux définitions et à l'exposé sommaire de quelques lois générales. Réduite à ce point, l'économie politique offre peu d'utilité.

Je me suis efforcé de rattacher intimement mon sujet à celui des autres branches des études humanitaires, c'est-à-dire à la philosophie, à la morale, aux souvenirs de l'antiquité, à l'histoire et à la géographie.

La géographie décrit la situation des peuples, et l'his

a

PRÉFACE

Dans ce traité élémentaire, destiné à l'enseignement, je m'écarte assez souvent de la marche habituellement suivie, parce que, suivant moi, l'objet de l'Économie politique n'est pas celui qu'on indique d'ordinaire.

Ce qui importe, ce me semble, c'est la conduite des individus et des États, concernant la production et l'emploi des biens, c'est-à-dire le côté moral et politique de notre science.

Dans les résumés, où il faut tout condenser en quelques pages, on se borne souvent aux définitions et à l'exposé sommaire de quelques lois générales. Réduite à ce point, l'économie politique offre peu d'utilité.

Je me suis efforcé de rattacher intimement mon sujet à celui des autres branches des études humanitaires, c'est-à-dire à la philosophie, à la morale, aux souvenirs de l'antiquité, à l'histoire et à la géographie.

La géographie décrit la situation des peuples, et l'his

toire raconte leurs annales. On ne peut profiter des leçons que l'une et l'autre apportent, sans le secours de l'économie politique.

On admet aujourd'hui que la partie principale de l'histoire est celle qui retrace le progrès de l'humanité dans le bien-être et dans la liberté. Pour comprendre cette marche en avant, depuis la barbarie préhistorique, jusqu'au prodigieux épanouissement de richesse qui caractérise notre époque, des connaissances économiques sont indispensables.

C'est pour mieux montrer le rapport intime qui existe entre l'histoire et l'économie politique, que je n'ai pas craint de multiplier les citations d'auteurs connus.

A l'énoncé de chaque principe j'ai joint un exemple, un fait, une maxime, espérant que le volume, ainsi grossi, paraîtrait cependant plus court, parce que l'attention serait plus soutenue.

Quelques chapitres, comme ceux qui traitent du socialisme, du crédit, des crises commerciales ou de la population, paraîtront, peut-être, trop détaillés pour un traité élémentaire. Toutefois, il ne faut pas oublier que de notre temps le jeune homme qui sort du collège se trouve aussitôt comme saisi par ces importants problèmes.

La question sociale? Mais c'est l'objet des débats de chaque jour. Le crédit? Mais qui n'y a pas recours? Les crises? Mais elles menacent à chaque instant notre avoir. La population? Mais l'avenir de notre pays en dépend.

Quand on vit sous des institutions démocratiques, il faut un enseignement viril. Dès notre jeune âge, la chose publique commande notre attention. C'est alors déjà que l'économie politique doit nous faire voir que la liberté conduit les peuples à la prospérité, et le despotisme à la décadence.

Faut-il insister pour prouver la nécessité de répandre les connaissances économiques? La plupart des maux dont souffrent les sociétés proviennent de leur ignorance en cette matière. Rivalités des peuples, guerres à coups de tarifs douaniers, entraves au commerce, imprévoyance des ouvriers, antagonisme entre les ouvriers et les maîtres, abus de la spéculation, charité mal entendue, impôts excessifs et mal assis, dépenses improductives des États et des villes, autant de causes de souffrances provenant d'erreurs économiques.

Les sciences naturelles, qu'on prise tant aujourd'hui, montrent l'homme obéissant, comme les autres êtres animés, à l'intérêt individuel. Tout en maintenant que l'homme, être moral et libre, peut et doit écouter la voix du devoir et se sacrifier pour la famille, pour la patrie et pour l'humanité, il faut reconnaître que le mobile habituel de ses actions est la poursuite de ce qui lui est utile. S'il en est ainsi, la science qui indique en quoi consiste l'utile et comment les hommes réunis en société peuvent le mieux y atteindre, n'est-elle pas indispensable ?

Les termes dont je me suis servi ne sont pas toujours ceux qui sont généralement employés. J'ai cru qu'il fallait le plus possible éviter les mots abstraits, pour n'employer que ceux du langage familier.

Quand j'ai cité le nom d'un économiste important, il m'a paru utile d'ajouter, au bas de la page, la date de sa naissance et celle de sa mort, ainsi que le titre de ses principaux ouvrages, afin de donner ainsi un aperçu sommaire de l'histoire de la science. Toutefois j'ai cru devoir borner ces citations aux ouvrages écrits ou traduits en français.

Je dirai en terminant que des traités élémentaires publiés avant celui-ci, m'ont été d'un grand secours ; je citerai notamment ceux de Mme Fawcett et de MM. Baudrillart, Maurice Block, J. Habert, Stanley Jevons, A. et M.-P. Marshall, P.-E. Levasseur, et surtout celui de M. Luigi Cossa, dont les définitions précises et justes, les analyses ingénieuses et complètes, révèlent une rare connaissance du sujet.

ÉLÉMENTS

D'ÉCONOMIE POLITIQUE

LIVRE I

NOTIONS PRÉLIMINAIRES

CHAPITRE I

NOTION DE LA SCIENCE ÉCONOMIQUE

§ 1. Définition et objet de l'économie politique.

Le terme « économie politique », employé d'abord par Aristote dans le second livre de ses *Économiques* et ensuite par Antoine de Montchrétien, auteur d'un *Traité de l'Économie politique* (Rouen, 1615), vient de trois mots grecs : *Oikos* « maison », *nomos* « loi », et *polis* « cité »; il signifie, par conséquent, la loi ou les lois qui doivent présider à l'administration des biens dans la cité, c'est-à-dire dans la société. Tel est en effet l'objet de la science économique.

Les hommes ont des besoins, et, réunis en société,

ils obéissent à des coutumes ou à des lois. Pour satisfaire ces besoins, ils ont leurs bras et leur intelligence, qu'ils mettent en œuvre en produisant des choses utiles.

Comment doivent-ils s'organiser, ou, en d'autres termes, quelles lois doivent-ils adopter pour arriver, par le travail, à la satisfaction la plus complète et la plus rationnelle de leurs besoins : voilà le problème dont l'économie politique cherche la solution.

L'économie politique est affaire de législation. Elle poursuit un idéal comme la morale, le droit et la politique.

Toutes les questions économiques que l'on discute sont des questions de législation : réforme des lois douanières, des lois agraires, des lois sur la monnaie, le crédit, la banque, les sociétés, le travail dans les manufactures, les chemins de fer, les impôts, etc.. On les résout par l'étude du droit, sous le rapport du juste, et par l'étude des faits historiques et statistiques, sous le rapport de l'utile.

Le père de l'économie politique, Adam Smith[1], l'a bien définie, quand il a dit : « qu'elle se proposait deux objets distincts : le premier de mettre le peuple en état de se procurer lui-même une subsistance abondante; le second, de fournir à l'État un revenu suffisant pour le service public. »

---

1. Adam Smith, né en Écosse en 1723, mort en 1790. Professeur de philosophie morale à Glasgow, il publia d'abord une *Théorie des Sentiments moraux*, et, en 1776, ses *Recherches sur la nature et les causes de la richesse des nations*. Ce livre était un fragment d'un ouvrage plus vaste sur le droit et la politique, qu'il n'eut pas le temps d'achever Ainsi qu'il l'a reconnu, Smith doit beaucoup aux économistes français de

Le titre même du livre de Smith, *De la nature et des causes de la richesse des nations*, montre qu'il s'agit de déterminer ce qui favorise ou ce qui entrave la production des biens.

« L'économie politique, a dit très bien Droz[1], est une science qui a pour but de rendre l'aisance aussi générale que possible. »

Bossuet a dit, en parlant de la politique, que « sa vraie fin est de rendre la vie commode et les peuples heureux ». Tel est aussi le but de l'économie politique.

Le médecin doit connaître le corps humain, déterminer ses maladies, en prescrire les remèdes, ainsi que le régime hygiénique qui conserve la santé. C'est exactement ce que l'économiste a à faire pour la société.

Il doit connaître à fond le mécanisme du corps social, indiquer les lois et les coutumes qui y apportent le trouble, et décrire l'ordre le plus favorable à la création du bien-être par le travail.

On peut donc définir l'économie politique : la science qui détermine quelles sont les lois que les hommes doivent adopter, afin qu'ils puissent, avec le moins d'efforts possible, se procurer le plus d'objets utiles à la satisfaction de leurs besoins, en les répartissant conformément à la justice et en les consommant conformément à la raison.

l'école de Quesnay, appelés *physiocrates*, mais il a la gloire d'avoir donné aux sciences économiques un fondement solide et une forme scientifique.

1. Droz, né à Besançon en 1773, mort à Paris en 1850. Il publia une *Économie politique* (1829), écrite dans un style simple et clair, dont le mérite est d'avoir montré le rapport qui existe entre la morale et la science économique.

§ 2. Ce que l'économie politique n'est pas.

On définit généralement l'économie politique : la science qui décrit comment la richesse se produit, se répartit et se consomme. Cette définition est complètement inexacte. Ce sont les manuels industriels et les traités d'agriculture qui décrivent comment la richesse se produit; la statistique, comment elle se répartit; et la description de la manière de vivre des différents peuples, comment elle se consomme.

L'économie politique n'est pas une science exacte; car elle s'occupe des besoins de l'homme, qui varient sans cesse, et de ses actes, qui sont libres. Ni les définitions rigoureuses, ni les déductions mathématiques ne peuvent y être employées.

Elle n'est pas une science physique, car elle ne s'occupe pas des biens considérés en eux-mêmes, lesquels sont, en effet, des choses matérielles, mais des lois qui favorisent la production de ces biens. Or, ces lois sont des relations de l'ordre spirituel.

Elle n'est pas davantage une partie de l'histoire naturelle de l'homme, car elle ne recherche pas comment il parvient à produire ce qu'il consomme, mais quelles sont les institutions qui lui permettent de le faire le mieux possible.

Elle n'est pas, ainsi qu'on le répète souvent, « la science du travail ». Voici l'idée que Descartes nous donne de celle-ci : « Il y a, dit-il, une science pratique par laquelle, connaissant la force et les actions du feu, de l'eau, de l'air, des astres, des cieux et de tous les autres corps qui nous environnent, aussi distinctement que nous connaissons les divers métiers de nos artisans, nous les pourrions employer, en même façon, à tous les usages auxquels ils sont propres, et ainsi nous rendre comme maîtres et possesseurs de la nature. »

La science du travail, c'est la technologie. L'économie politique a un tout autre objet : elle cherche quelles sont les lois religieuses, morales, politiques, civiles et commerciales qui favorisent le plus la productivité du travail. Elle ne nous apprend pas comment il faut cultiver la terre, exploiter les mines ou faire du pain ; or ceci est proprement la science du travail.

CHAPITRE II.

RAPPORTS ENTRE L'ÉCONOMIE POLITIQUE
ET LES AUTRES SCIENCES MORALES ET POLITIQUES.

L'économie politique est une partie de ce groupe de sciences qui ont pour objet l'étude des sociétés humaines, et que l'on désigne maintenant sous le nom de *sociologie*.

§ 1. Rapport entre l'économie politique et la philosophie ou la religion.

Considérant l'homme en tant qu'il poursuit l'utile, l'économie politique est subordonnée aux sciences qui considèrent l'homme en tant qu'il poursuit le vrai et le bien, c'est-à-dire à la philosophie ou à la religion.

En effet, la philosophie dit quelles sont la nature et la destinée de l'homme; or l'emploi que les individus ou les sociétés font de leur temps et de leurs biens dépend de l'idée qu'ils se font de la destinée de l'homme.

Les doctrines qui ne voient dans l'homme que le

corps, et dans la vie qu'une durée de quelques instants, dérobée au néant, précipiteront les sociétés dans la poursuite exclusive des jouissances, tandis que l'ascétisme, pour qui le corps n'est qu'une source de péchés et la vie qu'une épreuve, voudra supprimer la satisfaction des besoins les plus essentiels, et poussera l'individu à s'anéantir, dans les déserts de la Thébaïde, sur la colonne du stylite, ou, aux Indes, dans l'aspiration au Nirvana.

Fuyant ces deux excès, la vraie philosophie nous apprend que l'homme doit chercher à développer complètement toutes ses facultés : celles de l'esprit d'abord, parce que la vie intellectuelle est la plus essentielle; mais aussi celles du corps, parce qu'il est l'instrument de l'âme. Le but est indiqué par le vers de Juvénal : *Orandum est ut sit mens sana in corpore sano* (Juvénal, Sat. X, v. 356).

Il résulte de ceci que, tout en poursuivant l'utile, qui est son objet propre, l'économie politique ne doit jamais oublier que les biens matériels sont un moyen et non un but, la condition du progrès intellectuel et moral, non la fin de la vie.

Il ne faut écouter ni l'ascétisme, qui sacrifie le corps, ni le sybaritisme, qui sacrifie tout au corps.

L'économiste doit apprendre du philosophe quels sont les mobiles des actions humaines, afin de régler l'ordre social, de façon que les hommes soient toujours poussés à employer leur temps et leurs forces de la façon la plus utile.

La science des motifs qui déterminent la volonté doit donc servir de base à la science des lois qui président à la production des biens.

§ 2. Rapport entre l'économie politique et la morale.

Le lien entre la morale et l'économie politique est intime.

« La morale, dit un éminent philosophe français, François Huet, est la science de la perfection et de la valeur spirituelle, comme l'économie est la science du bien-être et de la valeur matérielle. »

En effet, la morale détermine quels sont nos devoirs à l'égard de Dieu, de nos semblables et de nous-mêmes; or ces notions de nos devoirs doivent présider à tous les actes de la vie économique.

La morale nous commande la modération dans nos besoins, l'activité et la conscience dans notre travail, la fidélité dans nos engagements, l'économie et la prévoyance dans l'emploi de notre revenu, le respect de la justice dans nos relations avec autrui.

Il n'est pas un seul de ces commandements qui ne soit une règle économique essentielle.

L'activité au travail assure une abondante production; le respect de la justice, une équitable répartition; le respect des engagements, un crédit facile; l'esprit d'économie, la création du capital; la modération des désirs, le bon emploi du temps et des biens.

C'est dans le code de la morale que se trouvent les vraies racines des lois économiques.

Le bien, objet de la morale, et l'utile, objet de l'économie politique, sans se confondre, sont inséparables.

La poursuite du bien est toujours favorable à la production de l'utile.

Hutcheson, le père de la philosophie écossaise, inter-
calait dans son cours de philosophie morale (1729-
1747) des leçons « d'économique » (*on Economics*).

Le livre d'Adam Smith, *la Richesse des nations*,
considéré comme l'Évangile de l'économie politique,
n'était qu'un fragment d'un ouvrage plus vaste qui
comprenait les *Sentiments moraux*.

Dans son traité d'idéologie, Destutt de Tracy[1] étudie
l'économie politique comme une application de la
théorie de la volonté.

L'économie politique, à son tour, est, comme l'a dit
Droz, le meilleur auxiliaire de la morale, car elle montre les avantages qui résultent de la pratique des vertus, et les maux qui sont la conséquence inévitable des
vices.

En résumé, la morale est la science du bien, et l'économie politique, la science des biens. Celle-ci est donc
l'application de celle-là, c'est-à-dire la morale en action.

Les anciens, comme Xénophon et Aristote[2], ont
entendu par économie politique certaines règles que
l'individu ou l'État doivent suivre dans la poursuite du
bien-être et dans l'emploi des biens.

---

1. Destutt de Tracy, né en 1754, mort en 1836. En 1806, il publia
ses *Éléments d'idéologie*, auxquels il voulait ajouter un traité *de la Volonté
et de ses effets*, qu'il ne put achever. Le *Traité d'économie politique*
en forme la première partie : c'est la seule qu'il publia. Ce traité ne contient rien d'original, mais il peut servir de modèle pour la précision du
langage et la rigueur des déductions.

2. Xénophon, né en 445 avant J.-C. et mort en 354, dans son livre de
l'Économie, et Aristote, né en 384 et mort vers 322, dans ses écrits *la
Politique* et *l'Économique*, ont émis quelques vues très justes sur certains faits de l'ordre économique, mais leur attention se portait plutôt
sur l'emploi que sur la production des biens.

Le plus savant des économistes contemporains, M. Roscher[1], a dit que les règles qu'ont formulées les anciens pour l'emploi des biens sont la chose essentielle. C'est dans ces maximes qu'apparaît à toute évidence le lien qui unit l'économie politique à la morale.

§ 3. Rapport entre l'économie politique et le droit.

A chaque moment il est pour les sociétés un ordre qui, respecté, serait le plus favorable au perfectionnement de l'espèce humaine. Cet ordre est le droit : droit civil, droit politique, droit économique, droit international. S'y conformer est un devoir et, en même temps, l'utilité suprême.

Le droit est donc le *droit* chemin vers le bien, c'est-à-dire vers la perfection de l'homme et de la société. En sanscrit *Rita*, en allemand *Recht*, en anglais *Right*, signifient à la fois le droit chemin et le droit, le juste, la loi.

Marcher dans le droit chemin ou dans le chemin du droit, c'est donc faire tout ce qui est vraiment utile.

Le Juste et l'Utile prononcent les mêmes commandements. Comme l'a dit un philosophe français, Bordas-Demoulin : « l'Utile est l'aspect pratique du Juste, et le Juste, l'aspect moral de l'Utile. »

---

[1]. Roscher, né en 1817, a publié de nombreux travaux économiques. Son œuvre principale est intitulée *System der Volkswirthschaft* (*Système d'Economie politique*). Trois volumes ont paru. Les deux premiers ont été traduits par M. Wolowski. Ce qui rend surtout ce livre utile, c'est que chaque principe qu'il énonce est appuyé sur un grand nombre de faits empruntés à l'histoire.

Ils ne peuvent se contredire, et, s'il y a contradiction apparente, choisissez ce qui est juste, et vous ferez ce qui est utile.

Ce qui est injuste ou immoral ne peut jamais être vraiment utile : *Nihil utile quod non sit honestum*, dit un ancien adage.

« Le projet de Thémistocle, dit Aristide, est très avantageux; mais il est souverainement injuste, » et il le fit rejeter.

Cherchez d'abord la justice, et le reste vous viendra par surcroît.

L'économie politique et le droit se pénètrent. Celui qui ignore le droit ne pourra approfondir l'économie politique, et celui qui ignore l'économie politique ne pourra remonter aux raisons du droit.

Tous les actes de la vie économique s'exercent sous l'empire des institutions civiles, et toutes les institutions civiles ont pour raison dernière des intérêts économiques.

Si les codes civils ont établi la propriété, l'hérédité, le testament, les servitudes, le partage égal des successions ou le droit d'aînesse, l'hypothèque et la prescription, c'est parce que le législateur a cru que ces lois étaient les plus favorables à la conservation et à l'accroissement de la richesse. Car les lois doivent être telles, que l'homme ait intérêt à être toujours probe, laborieux et économe.

Le droit commercial qui règle les relations juridiques naissant de l'échange est entièrement dicté par des considérations économiques.

§ 4. Rapport entre l'économie politique et la politique.

La politique cherche quelles sont, à une certaine époque et pour un certain pays, les formes de gouvernement qui assurent le plus complètement la liberté et le bien-être des individus. L'économie politique cherche, d'une manière plus générale, quelles sont les lois qui favorisent le plus une abondante production, une équitable répartition et une saine consommation des biens.

Ces deux sciences, comme leur nom l'indique, ont donc le même but. Une bonne constitution politique est la première condition du travail productif et de l'épargne créant le capital, c'est-à-dire du progrès économique.

Le despotisme et l'anarchie y mettent également obstacle.

Avant d'édicter une loi politique, il faut toujours examiner quelle sera son influence sur l'accroissement du bien-être.

La science de l'administration, qui n'est que l'application du droit public, doit prendre pour guide les mêmes principes.

§ 5. Rapport entre l'économie politique et le droit international.

L'économie politique a donné au droit international une base nouvelle.

Pendant toute l'antiquité, et jusqu'aux économistes

du siècle dernier, on croyait que les intérêts des peuples étaient opposés, et que, comme l'a dit Montaigne, « le profit de l'un est le dommage de l'autre. »

Les économistes ont démontré, au contraire, que, de même qu'un marchand a intérêt à avoir près de lui des clients assez riches pour payer chèrement ses denrées, de même il est de l'intérêt d'un peuple d'être entouré d'autres peuples prospères, en état de lui acheter, à bon prix, tout ce qu'il désire vendre, et de lui livrer en abondance tout ce qu'il désire acquérir.

A la maxime populaire : *Nul ne perd qu'un autre n'y gagne*, il faut donc substituer celle-ci : *Nul ne perd que les autres n'y perdent aussi.*

En prouvant que chacun a intérêt au bien-être de ses semblables, notre science a donné l'égoïsme comme mobile à la fraternité et prouvé la vérité de ces beaux vers de Béranger :

> Aimer, aimer, c'est être utile à soi ;
> Se faire aimer c'est être utile aux autres.

Si les vérités démontrées par l'économie politique étaient généralement comprises, il n'y aurait plus ni guerre, ni préparatifs de guerre, car la plus heureuse est toujours une calamité pour le vainqueur non moins que pour le vaincu. Comme l'a dit parfaitement un économiste italien, Scialoja[1], la justice internationale sera la fille du calcul économique.

Le prophète Isaïe a dit ce mot admirable : « La paix sera le fruit de la justice. »

---

1. Scialoja, né en 1817 près de Naples, mort en 1877. Son principal ouvrage, intitulé *Principii de l'Economia sociale*, parut en 1840. La librairie Guillaumin en a publié une traduction en français et annotée par M. H. Devillers (1844).

§ 6. **Du rapport entre l'économie politique et l'histoire.**

L'économie politique ne peut rien démontrer sans le secours de la statistique et de l'histoire; car, ce n'est qu'en consultant ces deux sciences qu'elle peut apprendre ce qu'elle cherche, c'est-à-dire quelles sont les lois qui ont été utiles ou funestes aux nations.

L'économie politique n'est pas moins indispensable à l'histoire, car elle seule peut découvrir les causes qui ont produit la grandeur ou la décadence des États. La puissance des États est en raison de leur population et de leur richesse. Le développement de la population et de la richesse dépend de causes économiques. Celles-ci sont donc la raison profonde des grands évènements de l'histoire.

En histoire, voici la question qui domine toutes les autres : Pourquoi tel État a-t-il grandi? Pourquoi tel autre État a-t-il décliné? A cette question l'économie politique seule apporte une réponse profonde.

Les historiens parlent du cercle vicieux que parcourent les empires, grandissant d'abord pour arriver finalement au déclin. Ces vicissitudes ou ces *corsi* et ces *ricorsi*, comme les appelle Vico, ils les expliquent en disant que les peuples doivent passer par les quatre âges de la vie que parcourent les individus : l'enfance, la jeunesse, l'âge mûr et la vieillesse, qu'accompagne la décrépitude.

C'est bien ici que comparaison n'est pas raison : les générations succédant aux générations, un peuple es toujours également jeune.

Un philosophe-économiste, Destutt de Tracy, montre la raison économique du fait que constate l'historien. « La société, dit-il, procurant à chacun la sûreté de sa personne et de ses propriétés, cause le développement de nos facultés. Ce développement produit l'accroissement de nos richesses; leur accroissement amène plus ou moins vite leur très inégale répartition, qui, ramenant l'inégalité de pouvoir, que la société avait commencé par contenir et était destinée à détruire, produit son affaiblissement et quelquefois sa dissolution finale. » (*Éléments d'Idéologie*, IV⁰ partie, chapitre x.)

Puisque la chute des États a toujours été amenée par l'imperfection des institutions et des lois, produisant un désordre économique, on peut croire que le progrès des sciences sociales permettra d'échapper à ce cercle vicieux et assurera à l'humanité un progrès indéfini.

C'est l'espoir de notre temps et probablement la destinée de notre race.

La philosophie de l'histoire qui cherche dans la suite des événements une loi providentielle, comme l'a fait Bossuet, ou une loi physique et nécessaire, comme l'a fait Buckle, est à la fois chimérique et peu utile. Celle qui ferait connaître les causes qui ont rendu certains peuples libres et prospères, d'autres esclaves et misérables, serait très utile, car elle apprendrait aux hommes ce qu'ils doivent faire et ce qu'ils doivent éviter.

§ 7. Rapport entre l'économie politique, la géographie et la statistique.

La géographie est la description des faits naturels, et la statistique est la science des faits sociaux, exprimés par des nombres; ces deux sciences sont les auxiliaires indispensables de l'économie politique. Car c'est par l'étude des faits qu'elles constatent, que l'économiste peut connaître l'effet des lois, et en conclure, par conséquent, si elles sont favorables ou nuisibles à la production des choses utiles et à l'accroissement du bien-être.

Exemple : la petite propriété est-elle préférable à la grande propriété ? C'est la statistique qui apprendra quelle est la production des denrées, la quantité du bétail, la longueur des routes, le nombre et l'état des habitations, en un mot quelle est la richesse des pays de grande et de petite propriété, et qui permettra ainsi de comparer les résultats de l'un et de l'autre système.

D'autre part, l'économie politique dictera les questions auxquelles la géographie et la statistique doivent répondre, et que trop souvent elles négligent. Ainsi quel est, dans tel pays, le régime de la propriété, des successions, la répartition de la terre, les modes de l'échange, etc.

§ 8. Les lois naturelles en économie politique.

On appelle généralement les lois économiques des lois naturelles; c'est à tort. Les lois de la nature, celle dè la gravitation ou les affinités chimiques, par exemple, s'imposent à l'homme comme au reste de l'univers.

Il doit s'efforcer de les connaître, pour en tirer parti, ainsi qu'il le fait déjà dans la plupart des industries et notamment dans l'emploi de la vapeur et de l'électricité.

Mais les lois dont s'occupe specialement l'économie politique ne sont pas les lois de la nature; ce sont celles qu'édicte le législateur.

Il tire parti des premières en y obéissant, des secondes en les améliorant.

Les unes échappent à la volonté de l'homme, les autres en émanent.

Telle est bien la façon dont Adam Smith a compris l'économie politique, quand il dit que « considérée comme une branche de la science de l'homme d'État ou du législateur, elle se propose deux objets : enrichir en même temps le peuple et le souverain. »

« La distribution des richesses, dit Stuart Mill (*Principes d'Écon. pol.*, l. II, c. II, § 1), dépend uniquement des lois et des coutumes de la société. »

« L'économie politique, dit M. P.-E. Levasseur dans son *Précis*, est l'art d'administrer la richesse dans les sociétés. L'administration économique de la *polis*, c'est-à-dire de l'État, est évidemment affaire de législation. »

Au sein de la nature règne la violence : la proie est au plus fort. Au sein de la société doit régner la justice; *cuique suum.*

CHAPITRE III.

L'économie politique est la science de l'utile ou de la richesse. Il faut donc se faire une idée précise de ce qu'est la richesse.

Richesse vient du mot gothique *Reiki*, *Rike* en allemand ancien, *Reich* en allemand moderne. Il se rattache à la racine sanscrite *râj* « être puissant », d'où le nom des princes de l'Inde, *rajah*, en latin *reg-s*, *rex*, et en allemand *Reich* « empire ». Les *ricos hombres* d'Espagne étaient les « puissants », les « grands ».

La richesse, en effet, c'est la puissance. Puissance de faire faire par d'autres hommes ce qu'on veut, soit en les rémunérant directement comme des serviteurs, soit en achetant des produits auxquels leur travail devra s'appliquer.

Au moyen âge, le riche rétribuait des hommes prêts à lui obéir; ainsi Warwick, « le faiseur de rois, » entretenait toujours, dit-on, plus de trois mille personnes. Aujourd'hui le riche se fait obéir par bien plus d'hommes encore, mais c'est indirectement, en payant les objets qu'il consomme.

On peut donc dire qu'est richesse tout ce qui répond à un besoin rationnel de l'homme. Un service utile ou un objet utile sont également des biens.

Qu'est-ce qu'un besoin rationnel? Le développement complet et harmonique de toutes les facultés humaines étant le but à atteindre, tous les besoins dont la satisfaction tend à ce but peuvent être considérés comme rationnels.

Quels sont ces besoins? La psychologie ou la connaissance de notre être intellectuel nous l'apprendra pour l'esprit, et l'hygiène pour le corps.

On a longtemps cru que la richesse des nations consistait principalement dans la quantité d'or et d'argent qu'elles pouvaient attirer chez elles. Comme cette quantité est limitée, et que chaque État s'efforçait d'en accaparer le plus possible, par des primes, par des taxes de douane et par des règlements restreignant les échanges avec les pays étrangers, il en est résulté des rivalités commerciales, puis des hostilités politiques et enfin des guerres ouvertes.

Un illustre économiste, J.-B. Say[1], a fait remarquer que, dans le dix-septième et le dix-huitième siècle, plus de cinquante années de guerre avaient eu pour cause cette fausse notion de la richesse.

Dans les sciences sociales, les erreurs sont fécondes en maux qui affligent l'humanité et ruinent les peuples.

Beaucoup d'économistes n'ont considéré comme richesse que ce qui peut être acheté et vendu. C'est à tort, semble-t-il.

---

1. Jean-Baptiste Say, né en 1767, mort en 1832. Son grand ouvrage, *Traité d'économie politique*, publié en 1803, lui valut l'honneur d'être appelé l'Adam Smith de la France.

Richesse est même chose qu'utilité et bien.

Un bon climat, des routes bien entretenues, des fleuves navigables, des eaux poissonneuses sont certainement des richesses pour un pays, et cependant on ne peut pas les acheter.

Biens est un mot admirable. Souverain bien, objet de la philosophie et de la religion; les biens, objet de l'économie politique. Est un bien tout ce qui est bon pour le perfectionnement de l'individu et de la race humaine.

De cette notion des biens résulte qu'il y a, outre les richesses matérielles, des richesses immatérielles, comme l'instruction, l'adresse des mains, le goût du travail.

L'accroissement de la richesse n'est un bienfait sans mélange que quand il est accompagné d'un accroissement de justice et de moralité.

C'est l'abondance des biens, et non leur estimation en argent qui fait la richesse. Plus les objets utiles sont abondants, moins ils seront estimés et payés en argent, mais plus grande est la richesse réelle.

§ 2. Des besoins.

Le besoin est le manque d'une chose nécessaire, utile ou agréable. Du besoin naît le désir, et du désir, l'action. L'action, ici, est la poursuite des objets désirés, parce qu'ils répondent aux besoins.

Ces objets sont des biens, car ils sont la condition du développement de l'être, qui est le bien. L'abondance des biens est la richesse. L'homme y arrive par le travail, que règle la raison et que dirige la science, sous l'empire de la morale et du droit.

L'économie politique dit quelles sont les lois sociales qui permettent le mieux au travail de donner satisfaction aux besoins. La science économique a donc pour fondement la notion du besoin.

Pour satisfaire ses besoins, l'homme travaille, épargne et cherche à améliorer sans cesse les instruments et les procédés du travail. Ainsi, besoin, travail, satisfaction du besoin, voilà le cercle économique que parcourent, chaque jour et chaque année, les individus et les nations.

La nourriture, l'habillement, le logement et l'ameublement sont les principaux besoins du corps.

La culture de l'esprit, des sentiments moraux, du goût, des relations de famille et de société est un besoin de l'ordre spirituel.

Le nombre et la nature des besoins rationnels varient avec le climat et l'état de la civilisation. Il peut être bon d'en satisfaire de plus en plus, à mesure que les moyens de produire des choses utiles se perfectionnent. Cependant, il n'est pas vrai qu'il faille mesurer l'avancement de la civilisation à la multiplicité des besoins satisfaits, ni qu'il soit nécessaire, pour résoudre les problèmes économiques, de les multiplier toujours davantage.

La sagesse antique et la morale chrétienne ont prêché la modération des besoins, conformément à cette belle maxime de Sénèque : *Si quem volueris esse divitem, non est quod augeas divitias, sed minuas cupiditates.* « Voulez-vous être riche, diminuez vos désirs, au lieu d'augmenter vos richesses. » L'économiste ne contredira pas Sénèque.

Le temps consacré à créer des choses superflues,

aussi inutiles au corps qu'à l'âme, est un temps perdu, et le temps est l'étoffe de la vie. Il faut bien l'employer, car il ne se retrouve pas.

Les besoins du corps, tout raffinés qu'ils soient, nous plongent doublement dans la matière, et au moment où on la satisfait, et au moment où l'on se procure ce qu'il faut pour les satisfaire.

Favoriser l'accroissement indéfini des besoins, c'est pousser l'humanité dans le sensualisme, qui est la mort de la vertu et, par suite, de la liberté. Combien Aristote a raison quand il dit : « La quantité des choses qui suffisent pour rendre la vie heureuse est limitée. »

Les plus grands parmi les bienfaiteurs de l'humanité, Jésus, Bouddha, Zoroastre, Spinosa, ont vécu de peu, parce qu'ils vivaient de la vie de l'esprit, qui est la véritable.

Une âme d'apôtre dans un corps endurci à tout, tels qu'étaient Socrate et saint Paul, voilà les modèles que recommandera l'économiste.

La fin de l'homme n'est pas le boire et le manger, mais la félicité, laquelle se compose de santé, de loisirs, de jouissances intellectuelles ou artistiques et des plaisirs que procure le commerce avec nos semblables. Il ne faut pas nous priver de tous les biens, ou en priver les autres, pour accumuler toujours plus de richesses. C'est l'erreur signalée par Juvénal (Sat. VIII, v. 84) :

Et propter vitam, vivendi perdere caussas.

« Pour vivre, sacrifier ce qui fait la valeur de la vie. »

§ 3. Les faux besoins et les fausses richesses.

J'appelle *faux besoins* ceux dont la satisfaction éloigne l'homme de son but, qui est le développement de ses facultés, plutôt que de l'en rapprocher.

Les choses que consomment ces faux besoins sont de fausses richesses.

Il faut bien les appeler « richesses », car elles s'achètent et se vendent, au total, pour des sommes énormes; mais ce sont de fausses richesses, car ce ne sont pas des biens, des utilités. Souvent elles sont pires qu'inutiles : elles sont nuisibles; pires que nuisibles, funestes.

Les boissons alcooliques sont condamnées par l'hygiène. Elles sont funestes pour la santé. Elles engendrent l'ivrognerie et tous les vices qui l'accompagnent. Elles dégradent l'homme qui en abuse et le précipitent dans la fange, et cependant elles coûtent, chaque année, à la France, environ 400 millions de francs; à l'Angleterre, 500 millions; à la Belgique, 80 millions; à la Hollande, tout autant. En Russie, les droits seuls rapportent à l'État 200 millions de roubles, soit 800 millions de francs en monnaie courante; environ le tiers des revenus de l'empire.

D'après les calculs faits aux États-Unis, en dix ans, l'alcool y a imposé une dépense directe de 7 à 8 milliards de francs, et une dépense indirecte de pareille somme; il a envoyé 100 000 orphelins aux asiles; il a a fait mettre en prison et dans les *work-houses* 138 000 individus; il a déterminé 10 000 suicides, et il a fait 200 000 veuves et 1 million d'orphelins.

La dépense totale pour les pays civilisés ne peut guère être inférieure à 6 ou 7 milliards.

L'opium, qui conduit ceux qui le fument à l'idiotisme, coûte à la Chine annuellement 400 millions de francs.

L'inexplicable habitude, empruntée aux sauvages, de faire brûler entre les lèvres une feuille de tabac, afin d'absorber une certaine dose d'un poison stupéfiant très pernicieux, la nicotine, coûte à la France, tous les ans, 360 millions de francs; à l'Italie, 138 millions; à la Belgique, 30 millions, et aux pays civilisés plus de 3 milliards, prix modéré pour les 680 millions de kilos de tabac qui sont consommés chaque année, d'après un statisticien autrichien très estimé, M. von Neumann-Spallart. L'élite de l'humanité dépense donc 9 à 10 milliards pour s'empoisonner à haute ou à petite dose.

Les femmes donnent aussi des millions pour des pierres précieuses, qui n'ont d'autre effet que d'entretenir deux défauts graves, la vanité chez celles qui s'en parent, et l'envie chez celles qui doivent s'en passer.

Jetez dans la mer ces boissons alcooliques, cet opium, ce tabac et ces pierres précieuses, rien ne sera perdu. Au contraire, ceux qui s'empoisonnaient et se pervertissaient l'âme et le corps y auront beaucoup gagné en santé morale et en santé physique. Des choses dont la destruction améliore la condition des hommes ne peuvent être de véritables richesses.

Si tout l'argent et toutes les heures de travail que cet argent rétribue, au lieu d'être consacrés, comme aujourd'hui, à produire des choses nuisibles, l'étaient à fabriquer des choses utiles, combien le bien-être serait augmenté et le dénuement diminué, dans le monde!

CHAPITRE IV.

§ 1. La valeur.

La valeur des choses est en raison de leur utilité ; car un bien ne mérite ce nom que dans la mesure où il répond à un besoin, et est ainsi utile.

La valeur ne dépend pas de l'estimation, mais de la qualité particulière qu'ont les objets de répondre à nos besoins rationnels. Toutefois il y aura « une valeur d'estimation » qui dépendra de l'opinion de ceux qui désirent un objet. Cette opinion peut donner une valeur à ce qui n'en a pas en réalité.

La valeur est un rapport entre les qualités physiques des choses et nos besoins, et ce rapport se modifie avec nos besoins, même quand ces qualités restent les mêmes.

Une fourrure a de la valeur dans le Nord, parce qu'on y a besoin de se défendre du froid. Elle n'en a pas sous l'équateur, parce que ce besoin n'y existe pas.

Des médicaments ne valent rien pour qui a de la santé, pas plus que des aliments pour qui est malade.

La valeur des choses n'est pas déterminée, comme on l'a dit, par le travail employé à les produire, car il est des choses qui ont même valeur et qui ont coûté une quantité de travail inégale : par exemple, un hectolitre de blé récolté sur un sol fertile et un hectolitre de blé récolté sur un sol rebelle ; et il est d'autres choses ayant exigé une quantité de travail à peu près égale, et qui ont une valeur très différente : exemple, les vins des grands crus et les vins ordinaires.

La valeur des choses change chaque jour, sans que la quantité de travail qui y est incorporée, ait pu changer. Ainsi, d'un mois à un autre, un hectolitre de blé vaut souvent beaucoup plus ou beaucoup moins.

La valeur n'est pas non plus déterminée par l'échange ; car, pour que j'échange mon cheval contre votre bœuf, il faut que je me fasse une idée des valeurs respectives de l'un et de l'autre, et qu'ensuite je les compare. Donc la notion de valeur précède et détermine l'échange.

Tous les jours, on critique le fait de l'échange par la notion de la valeur, comme quand on dit : Vous avez vendu votre maison, votre champ, votre cheval, bien au-dessous ou bien au-dessus de sa valeur.

La valeur des choses est fondée sur leur utilité, c'est-à-dire sur l'usage que nous en pouvons faire, donc sur le besoin : c'est parce que le pain satisfait ma faim qu'il a de la valeur pour moi.

Plus une chose peut servir à satisfaire un besoin rationnel, plus elle a de la valeur. Un bœuf vaut dix fois un mouton, parce qu'il livre dix fois plus de nourriture.

Mais il faut ajouter que la valeur d'un objet utile croît en proportion de sa rareté et diminue en proportion de son abondance. La raison en est évidente.

Plus cet objet sera rare, plus il sera difficile de le remplacer, donc plus il sera avantageux de le posséder. Plus, au contraire, il sera abondant, moins il sera utile d'en être nanti.

Un pain est plus utile qu'un chapeau, mais il a moins de valeur parce qu'un pain se remplace ordinairement avec moins de sacrifices qu'un chapeau.

Si le pain devenait très rare et s'il était très difficile de remplacer celui que l'on possède, comme dans une ville assiégée, on ne donnerait pas un pain pour dix chapeaux.

L'utilité des objets, combinée avec la difficulté plus ou moins grande de les remplacer, détermine leur valeur.

Pour prouver qu'il n'est pas exact que la valeur dépend de l'utilité, on a dit : L'eau est extrêmement utile et n'a pas de valeur, tandis que le diamant a une très grande valeur et n'est presque d'aucune utilité. Cette objection repose sur cette manière vicieuse de raisonner qui consiste à employer le même mot pour exprimer deux idées différentes.

Quand on dit : l'eau est extrêmement utile, on parle de l'eau en tant qu'élément, c'est-à-dire de toute l'eau qu'on peut se procurer, et, dans ce sens, l'eau est, en effet, d'une utilité extrême; mais elle a aussi une extrême valeur, car, si l'on en était privé, on donnerait tout ce que l'on possède pour s'en procurer.

Quand on dit : l'eau est peu utile, on entend une quantité déterminée d'eau, un hectolitre ou une carafe d'eau, et, dans ce cas, l'eau, en effet, a peu ou point de valeur; mais cette quantité d'eau a aussi très peu d'utilité, car rien n'est plus facile que de la remplacer.

Quand on dit que le diamant, qui a une grande valeur, est très peu utile, on porte un jugement moral, très fondé sans doute, mais trop peu compris.

Le diamant a cette utilité de donner satisfaction à un besoin très vif encore dans l'humanité, celui de la vanité.

Faux besoin et fausse utilité, mais qui ne disparaîtront qu'avec le progrès de la raison et de la justice.

Donc, même dans le cas de l'eau et du diamant, là où il y a valeur, il y a utilité.

§ 2. Valeur en usage et valeur en échange.

« Tout objet, dit Aristote (*Polit.*, I, ix), a deux usages, le premier de servir à satisfaire le besoin pour lequel il a été fait, le second de servir à l'échange. Des chaussures servent à faciliter la marche, mais elles peuvent servir aussi à se procurer, par l'échange, d'autres objets, de l'argent, des subsistances ou toute autre denrée. »

D'après Adam Smith, l'utilité d'une chose, en tant qu'elle sert au besoin qui l'a fait confectionner, est sa valeur en usage.

Son utilité en tant qu'elle sert à se procurer d'autres objets, est sa valeur en échange.

La valeur en usage dépendra des services que l'objet peut rendre; ainsi pour les chaussures, du temps qu'on pourra les porter.

La valeur en échange dépendra de la quantité existante sur le marché des objets que je désire échanger, et aussi de la quantité des objets que je désire recevoir et qu'on peut m'offrir en échange.

Y a-t-il sur le marché beaucoup de chaussures et peu d'argent, leur valeur sera moindre que s'il y avait, au contraire, peu de chaussures et beaucoup d'argent.

CHAPITRE V.

LA MÉTHODE D'INVESTIGATION.

Stuart Mill dit : « L'économie politique est une science essentiellement abstraite, et sa méthode est la méthode *à priori*. Elle est construite sur des hypothèses complètement analogues à celles qui, sous le nom de définitions, sont la base des autres sciences abstraites. »

J.-B. Say dit, au contraire : « L'économie politique n'est devenue une science qu'en devenant une science d'observation. » Say a raison, mais non comme l'entendent la plupart de ceux qui le citent. L'économiste doit faire de la méthode d'observation un tout autre emploi que le naturaliste ou le physicien. Ceux-ci observent les faits tels que la nature les leur offre et n'aspirent pas à les changer. Quand leur tâche cesse, celle de l'économiste commence.

1. John-Stuart Mill, né en 1806, mort en 1873, est, sans contredit, depuis Adam Smith, l'économiste le plus éminent de l'Angleterre. Son principal ouvrage, *Principles of political economy*, a été traduit en français par MM. Dussard et Courcelle-Seneuil. Ses écrits sur la *Logique*, la *Liberté* et le *Gouvernement représentatif* montrent qu'il avait parcouru tout le domaine des sciences morales et politiques.

L'économiste observe quels sont les mobiles qui font agir les hommes. Puis il examine dans quelles conditions il faut les placer pour que, poussés par ces mobiles, ils arrivent au bien-être par le travail.

Comme tous les êtres animés, l'homme cherche à se nourrir et à se reproduire : observation du naturaliste; mais quelles sont les idées et les lois qui le porteront à multiplier les aliments plus que l'espèce : recherche de l'économiste.

Pour résoudre le problème, il doit étudier les faits que lui offrent l'histoire, la géographie et la statistique. Il note sous l'empire de quelles idées et de quelles lois les sociétés ont été prospères, et pourquoi; sous l'empire de quelles idées et de quelles lois elles ont été misérables, et pourquoi.

L'homme étant un être raisonnable, libre et perfectible, l'économiste lui conseille de faire usage de sa liberté et de sa raison, pour adopter les premières et pour rejeter les secondes.

La vraie méthode est donc celle-ci : observer les faits, non pour les constater seulement, à la façon du naturaliste, mais pour en déduire quelles sont les idées et les lois qu'il faut adopter pour que les hommes arrivent au bien-être et, par suite, à la perfection.

CHAPITRE VI.

DIVISION DE L'ÉCONOMIE POLITIQUE.

J'ai besoin de pain pour me nourrir. Je dois le produire le plus économiquement possible : c'est la production des biens.

Un compagnon m'a aidé à semer le blé, un autre à le moudre, un troisième à transformer la farine en pain ; chacun doit avoir sa part du produit, et nous en faisons le partage le plus équitablement possible : c'est la répartition.

Quand chacun a sa part, il l'emploie le plus rationnellement possible : c'est la consommation.

Pour déterminer les lois sociales qui permettent de produire les biens le plus économiquement, de les répartir le plus équitablement et de les consommer le plus rationnellement possible, il faut étudier séparément chacun des trois actes qui constituent l'œuvre économique.

Il faut donc diviser les matières dont s'occupe notre science en trois parties :

1° La production des biens ;

2° La répartition et la circulation des biens ;

3° La consommation des biens.

LIVRE II.

LES FACTEURS DE LA PRODUCTION ET LE TRAVAIL PRODUCTIF.

—

CHAPITRE I.

LA PRODUCTION DES BIENS.

§ 1. Qu'est-ce que produire des biens?

L'homme a des besoins divers et sans cesse renaissants. Sous l'impulsion des désirs qu'ils font naître, il prend dans la nature certains objets qu'il consomme directement ou qu'il façonne de manière à les rendre propres à satisfaire ses besoins. Il produit.

L'homme ne peut créer un atome de matière; mais, en tirant du sein de la terre des minerais et du combustible, ou bien du sol cultivé des subsistances, des textiles, des denrées de toutes espèces, en façonnant et en transportant toutes ces choses, il les rend utiles. Produire est donc créer des utilités. Ceux qui rendent des services à leurs semblables, le magistrat qui impose le respect du droit, le gendarme qui assure la sécurité, le médecin qui guérit et l'instituteur qui enseigne font des choses utiles. Ils contribuent ainsi à la production, quoique leur travail ne s'incorpore pas dans des choses matérielles.

Rendre des services est souvent plus utile à l'homme que façonner des objets, car ce n'est pas de pain seulement qu'il se nourrit

§ 2. Les trois facteurs de la production.

La production exige le concours de trois facteurs : la nature, le travail et le capital.

Un maraîcher produit des légumes : le champ qu'il cultive, c'est la nature ; — ses bras fournissent le travail ; — le capital, ce sont les instruments aratoires et les engrais qu'il emploie.

Les deux premiers facteurs, nature et travail, ont précédé et créé le troisième, le capital. Tout à fait à l'origine, on peut concevoir l'homme vivant des produits spontanés que la terre lui offrait ; mais bientôt, pour abattre le gibier, il s'est servi d'un bâton ou d'une massue, comme Hercule, et, pour se faire une demeure ou des ustensiles, d'éclats de silex, comme les habitants préhistoriques des grottes et des cités lacustres ; et dès lors, le capital est venu en aide au travail.

C'est principalement par le progrès dans l'emploi du capital que s'est accrue la production de la richesse ; car la nature n'est pas plus féconde qu'autrefois, au contraire, et la force musculaire de l'homme n'a pas augmenté ; mais, au moyen d'engins plus puissants et de meilleurs procédés, il force la nature à lui livrer plus de produits, et ainsi son bien-être augmente successivement.

CHAPITRE II.

LA NATURE.

Dans toutes les choses propres à satisfaire nos besoins, la nature fournit la matière que le travail façonne, avec l'aide du capital, et souvent, en outre, la force qui facilite la production.

Le sol nous livre le blé, et la chute d'eau fait mouvoir le moulin qui transforme le blé en farine.

A mesure que les procédés industriels se perfectionnent, la part de la nature dans l'œuvre de la production diminue, celle du travail et du capital augmente.

A l'origine des civilisations, comme on le voit encore dans les îles de l'océan Pacifique, l'homme vivait pour ainsi dire suspendu au sein de la nature. Il n'avait qu'à saisir le fruit sur l'arbre, le gibier dans les forêts, le poisson dans les eaux.

Aujourd'hui, dans nos cités manufacturières, le concours des agents naturels n'est plus apparent. On ne voit que les merveilles du travail humain.

CHAPITRE III.

LE TRAVAIL.

§ 1. Qu'est-ce que le travail?

Le travail est l'action de l'homme sur la nature, dans le but de satisfaire ses besoins.

Tous les êtres vivants ont des besoins et des moyens de les satisfaire, par l'action de leurs facultés : le mollusque absorbe les éléments nutritifs que l'eau contient; le ruminant broute l'herbe; le carnivore poursuit la proie.

Dans chaque espèce, ces moyens sont en rapport avec les besoins, sinon elle disparaît.

Il a dû en être de même de l'homme, quoique, à l'état originel, il semble avoir plus de besoins et moins de moyens d'y pourvoir; mais, doué d'une intelligence perfectible, il a pu perfectionner sans cesse ses moyens de pourvoir à des besoins sans cesse plus nombreux et plus variés. Le marteau frappe plus fort que son poing, le couteau coupe mieux que ses dents, la hache, même de silex, est autrement puissante que ses ongles. A mesure que le travail se perfectionne, il devient plus productif, c'est-à-dire qu'il produit plus de choses utiles avec moins d'efforts.

Comme le dit La Fontaine, le travail est un trésor. Il est, en effet, la source de tous nos biens.

Nous ne pouvons approprier à nos besoins la moindre parcelle de matière sans au moins la saisir, et d'ordinaire sans la façonner.

Travailler est donc pour l'homme une loi naturelle, et, par conséquent, un devoir.

En même temps qu'un estomac qui réclame des aliments, l'homme a des bras destinés à les lui apporter. Quand saint Paul dit : « *Qui non laborat nec manducet,* » il ne fait que formuler une loi universelle. Celui qui la viole fait tort à ses semblables. L'oisiveté complète est une banqueroute frauduleuse.

« Les oisifs, » dit l'ancien poète grec Hésiode, ressemblent à ces frelons qui consomment le fruit du travail des abeilles. Le travail te rendra plus cher aux Dieux et aux hommes, car ils ont horreur de l'oisif. »

Dans le livre de la Bible intitulé *Job,* on lit : « L'homme est fait pour travailler, comme l'oiseau pour voler. »

La Sagesse des nations a dit aussi :

« L'oisiveté est la mère de tous les vices. »

Mais, n'oublions pas que les travaux que l'on exécute avec les bras ne sont ni les seuls, ni même les plus productifs. L'esprit produit plus que les muscles.

L'homme est fait pour l'action. Il y trouve d'ordinaire le bonheur, et même dans le malheur, une consolation. L'action est indispensable à la santé du corps et à celle de l'âme.

L'inaction engendre chez le pauvre la misère, et chez le riche, la mélancolie. Souvent celui qui a mené une vie active aspire au repos, mais, quand il l'obtient, il en éprouve tant d'ennui qu'il en meurt.

Citons à ce propos les paroles d'un moraliste français, Vauvenargues :

« L'homme ne se propose le repos que pour s'affranchir de la sujétion du travail ; mais il ne peut jouir que par l'action et n'aime qu'elle. »

Un poète français a dit très bien :

> Nous ne recevons l'existence
> Qu'afin de travailler pour nous ou pour autrui.
> De ce devoir sacré, quiconque se dispense,
> Est puni de la Providence,
> Par le besoin ou par l'ennui.

Montesquieu rapporte ce mot d'un empereur de la Chine : « Si un de mes sujets ne travaille pas, il y a dans mes États quelqu'un qui souffre de la faim et du froid. »

Etant une action vers un but, le travail se compose toujours d'un effort des muscles, et d'un effort de la pensée, celle-ci guidant ceux-là.

Quand je cloue des planches pour faire une porte, mon intelligence guide mon bras dans le but de faire une chose utile.

Plus l'industrie progresse, plus augmente dans le travail la part de l'intelligence.

Comparez le porteur qu'emploient les explorateurs en Afrique, et le mécanicien qui guide une locomotive. Le premier sue et peine pour transporter trente kilogrammes, tandis que le second, sans effort, en ouvrant une soupape, en met en mouvement deux cent mille.

Tout travail n'est que du mouvement ; l'homme ne

peut que déplacer les objets. Seulement, en les plaçant
là où l'observation a révélé qu'ils doivent être, les forces
de la nature agissent pour lui et les transforment pour
son usage.

J'ouvre le sillon avec le fer de la charrue, et j'y sème
des grains de blé : l'humidité et la chaleur mettent en
activité la puissance végétative de ces semences : je n'ai
opéré que des déplacements, et j'obtiens une récolte de
froment.

Je jette dans un haut-fourneau du minerai, du charbon et de la castine, c'est-à-dire des pierres calcaires.
Je frotte une allumette, et je mets le feu au combustible.
Rien encore que des déplacements; mais les forces chimiques sont mises en activité, et j'obtiens de la fonte de
fer.

En tout travail, il faut donc disposer les objets de telle
façon, que les forces de la nature contribuent le plus
utilement possible à l'œuvre de la production.

Le travail, qui est toujours un devoir, ne peut jamais
être un droit.

Le bien-être dans les sociétés humaines dépend surtout de la bonne direction du travail. Recherchons ce
qui favorise celle-ci.

§ 2. La productivité du travail.

Le travail (*tribulatio*) étant toujours une peine, il
faut s'efforcer d'obtenir le plus de choses utiles, avec le
moins d'efforts et de peines possible. Il s'ensuit
que la question de savoir ce qui peut amener ce résultat, c'est-à-dire accroître la productivité du travail, est

la plus importante de toutes en économie. Considérée sous toutes ses faces, elle embrasse même toutes les autres.

Les causes qui augmentent ou qui diminuent la productivité du travail sont très nombreuses : ce sont ou des faits naturels, ou nos idées, nos connaissances, nos sentiments, nos institutions et nos lois. C'est là, à vrai dire, le vrai champ d'étude de l'économiste, car c'est dans ce domaine de la liberté humaine qu'il peut montrer les réformes à opérer et l'idéal à poursuivre. La statistique et l'histoire lui fournissent les faits dont il déduit les conclusions.

Ce sujet est très vaste. Pour ne pas trop m'éloigner de la méthode habituelle, je ne puis que l'effleurer, en montrant les causes principales qui rendent le travail productif.

§ 3. La responsabilité.

Le mobile du monde économique est la responsabilité.

De même qu'un ressort fait marcher les rouages d'une montre, ainsi le désir instinctif de se conserver, de se développer et de se perpétuer pousse à l'action économique tous les êtres animés, depuis la simple cellule vivante, la monade, qui absorbe en elle les substances dont elle vit, jusqu'à l'homme, dans les créations les plus merveilleuses de son industrie.

Plus ce ressort sera fort, plus sera grande l'activité industrielle; et plus l'activité industrielle sera grande et bien dirigée, plus il y aura de choses utiles créées, et plus grand sera le bien-être.

Le problème à résoudre est donc celui-ci : Comment donner à ce ressort le plus de force possible? La réponse est simple : En assurant à chaque acte un traitement en rapport avec son mérite : récompense pour le bien, peine pour le mal; satisfaction et bien-être pour qui est laborieux et économe, privations et dénuement pour qui est paresseux et dépensier.

C'est l'application aux relations économiques du grand principe de la justice distributive. Les distributions de prix dans l'enseignement sont un exemple de l'application de ce principe.

Ce qu'il faut donc, c'est ORGANISER LA RESPONSABILITÉ.

La responsabilité s'applique naturellement, pour les animaux, sous l'empire des lois naturelles. Le bœuf qui resterait couché tout le jour, et le lion qui n'irait pas à la chasse, mourraient de faim.

Parmi les hommes où règne le libre arbitre et non des lois fatales, la responsabilité doit être organisée par les lois sociales.

Plus complètement les fruits du travail seront assurés au travailleur, plus grand sera le stimulant à beaucoup et à bien travailler, et plus actif sera le grand ressort du monde économique.

« Les lois doivent être telles, » dit Rousseau[1] dans son article de l'Encyclopédie sur l'économie politique,

---

1. Jean-Jacques Rousseau, né en 1712, mort en 1778, quoiqu'il ait écrit l'article que nous citons ici, n'est pas un économiste, mais, par les idées égalitaires qu'il a exprimées avec tant d'éclat dans ses écrits politiques, il a exercé une grande influence sur la façon dont les écoles socialistes ont conçu la répartition des biens.

« que le travail soit toujours nécessaire et jamais inutile. »

§ 4. De l'influence de la nature sur la productivité du travail.

Quelques grands esprits, comme Montesquieu, Cuvier et Buckle, ont cru que le degré de prospérité auquel les peuples arrivent dépend, en très grande partie, des influences de la nature.

Écoutons Cuvier : « A l'abri des petites chaînes calcaires, inégales, ramifiées, abondantes en sources qui coupent l'Italie et la Grèce, dans ces charmants vallons, riches de tous les produits de la nature vivante, germent la philosophie et les arts; c'est là que l'espèce humaine a vu naître les génies dont elle s'honore le plus; tandis que les vastes plaines sablonneuses de la Barbarie et de l'Afrique retinrent toujours leurs habitants à l'état de pasteurs errants et farouches. » Le grand naturaliste va même jusqu'à dire : « Nos départements granitiques produisent sur tous les usages de la vie humaine d'autres effets que les calcaires. On ne se logera, on ne se nourrira, le peuple ne pensera jamais en Limousin ou en Basse-Bretagne, comme en Champagne ou en Normandie. »

Sans doute la constitution du sol, la configuration géographique du territoire et surtout le climat doivent exercer une grande influence sur les travaux de l'homme, sur les produits qu'il recueille, et, par conséquent, sur le développement économique. Un peuple qui n'a pas de mines ne produira pas de métaux, et s'il habite au

milieu des terres, il ne pourra s'adonner à la navigation. Les climats extrêmes, le froid excessif des régions
polaires et la chaleur excessive des régions équatoriales
ne sont pas favorables à la productivité du travail.
L'excès du froid diminue l'activité de la nature, et
l'excès de la chaleur, celle de l'homme.

Le climat tempéré est celui qui favorise le plus l'avancement des industries : comme le dit très bien M. Elisée
Reclus, « l'homme y est incessamment sollicité au travail; car si la nature y est généreuse, elle l'est avec
mesure et seulement pour ceux qui l'étudient et la
comprennent. »

La variation des saisons développe l'esprit de ré-
flexion, l'habitude de la prévoyance et, par conséquent,
la création du capital, condition du progrès économique.

Mais, à mesure qu'augmente notre domination sur la
nature, l'influence qu'elle exerce sur notre condition
diminue. En tous pays, la puissance de l'industrie,
guidée par la science, tire parti des ressources locales,
et, grâce au commerce, chaque peuple peut jouir des
produits de tous les climats.

Aux époques de barbarie, la nature fait l'homme.
Aux époques de civilisation, c'est l'homme qui fait la
nature.

Nous avons vu, dans l'espace d'une génération, la
même contrée, sous le même climat, occupée tour à
tour, d'abord, par des hommes plongés dans le dénuement le plus abject, puis par d'autres hommes
jouissant du plus haut degré de bien-être.

En Australie, où naguère les indigènes se nourrissaient de charogne et souvent mouraient de faim,

s'élèvent des villes magnifiques, Sydney et Melbourne, ornées de toutes les splendeurs de la civilisation.

En Amérique, dans ces vastes plaines où l'Indien aurait continué indéfiniment à vivre, misérable, des produits incertains de la chasse, les Anglo-Saxons fondent chaque jour des sociétés étonnamment prospères.

Parcourez le globe : ce n'est pas dans les pays les plus favorisés par la nature que vous trouverez les peuples les plus riches. C'est le travail bien dirigé qui fait la richesse, plus que la fécondité du sol. Tant vaut l'homme, tant vaut la terre. Celle-ci vaut en raison de l'activité et de l'intelligence de qui la cultive.

La puissance de l'homme civilisé est telle, que l'influence des diversités naturelles s'efface.

Les conquêtes de la science, partout répandues, produiront en tout pays un état de civilisation très semblable. Montesquieu a eu raison de dire : « Les mauvais législateurs sont ceux qui favorisent les vices du climat, et les bons sont ceux qui s'y opposent. »

§ 5. De l'influence des races sur la productivité du travail.

On ne peut nier la différence d'aptitudes et d'inclinations des différentes races. Toutes ne sont pas également portées à s'adonner au travail et à en perfectionner les procédés.

Quel contraste entre l'Australien, qui se laissera mourir de faim et de misère plutôt que de cultiver la terre, et le Chinois, qui paraît trouver la félicité dans un travail acharné et incessant !

Même parmi les Européens, tous n'apportent pas au

travail les mêmes aptitudes. Nul n'égale l'Anglais là où il faut de l'énergie et de la persévérance. Le Français a plus de dextérité et de goût. L'Américain sait mieux diviser la besogne et s'aider des machines. L'ouvrier belge est le moins coûteux de tous, eu égard à l'ouvrage qu'il fait. Chaque pays a même ses spécialités : l'Italien travaille mieux le marbre ; le Belge, le zinc ; l'Anglais, le fer ; le Français, la soie.

Cependant, sauf pour des cas extrêmes, l'instruction, les habitudes, les croyances, les institutions et les lois, c'est-à-dire toutes les causes que l'on peut modifier, exercent sur la productivité du travail une influence plus grande que la chair et le sang, c'est-à-dire que les causes héréditaires et fatales.

Partout où l'homme est rémunéré de sa peine, il ne l'épargne point. L'Italien, qu'on accuse de paresse, brave la fièvre dans la campagne romaine, coupant les blés sous l'effroyable soleil de juin.

Depuis qu'il est affranchi, et qu'avec la liberté il a obtenu la propriété, le nègre, aux États-Unis, soigne sa case et sa récolte de coton, et même au milieu de l'Afrique, les noirs cultivent bien leurs champs, quand ils ont quelque sécurité.

Jadis des races dites inférieures, les Indiens du Pérou et les Aztèques du Mexique, ont construit des palais, des cités et des canaux d'irrigation, dont les ruines étonnent, et elles ont entretenu la plus riche culture dans des pays qui, sous la domination des Européens, se sont appauvris et dépeuplés.

Y a-t-il une preuve plus évidente que, pour favoriser la production, les institutions et les lois font plus que le sang et la race?

L'homme étant perfectible, peut, à quelque race qu'il appartienne, acquérir, par l'éducation, une grande partie des aptitudes qui lui manquent.

§ 6. De l'influence des doctrines philosophiques et religieuses sur la productivité du travail.

Plus une doctrine philosophique ou religieuse est fondée sur une idée juste de l'homme, de sa destinée et de ses devoirs, plus elle est favorable à la production abondante, à la répartition équitable et à la consommation rationnelle des biens. Dans la mesure exacte où une philosophie ou un culte sont contraires à la raison, ils contribueront à perpétuer parmi les hommes la misère et l'injustice.

Comparez la condition économique des peuples chrétiens à celle des peuples qui ne le sont pas : quelle différence !

Qu'on ne dise pas que c'est l'influence de la race, car beaucoup de musulmans et d'Hindous appartiennent à la race blanche, et les Circassiens du Caucase, mahométans et barbares, sont un des plus nobles rameaux de notre race, puisque quelques savants ont appelé celle-ci *caucasique*. Le christianisme a favorisé la prospérité des peuples, parce qu'il a mis en honneur le travail, la simplicité de la vie, l'équité dans les relations sociales.

Il a amené la fin de l'esclavage, non en commandant son abolition, mais en disant aux hommes qu'ils sont égaux et frères.

De même, c'est en prêchant le détachement des richesses, qu'il a ouvert les sources d'où jaillit la richesse.

Les communions chrétiennes qui ont suivi le plus
strictement l'esprit de l'Évangile sont aussi celles où
le bien-être est le plus général.

Parmi les quakers, en Angleterre, ainsi que le remar-
quait déjà Voltaire, et parmi les Mennonites, en Hollande,
il n'y a point de pauvres.

Malgré l'élévation spiritualiste de son monothéisme,
la religion de Mahomet a été partout, sauf chez les
Maures d'Espagne, contraire au progrès économique.
Le fanatisme a produit l'inertie; la polygamie, l'abais-
sement de la femme; et le gouvernement, étant toujours
théocratique, a diminué l'énergie individuelle.

La religion de la Chine, où l'élément moral l'emporte depuis longtemps sur la théogonie enfantine
qu'elle renferme, a été très favorable au travail, parce
qu'elle en fait un devoir et pour ainsi dire un acte du
culte. A certaines fêtes, l'empereur de la Chine laboure
la terre de ses propres mains.

Au Japon, l'agriculture et l'industrie étaient arrivées,
en dehors de toute influence européenne, au plus haut
degré de perfection. Les campagnes étaient admirablement cultivées et l'aisance générale. L'antique religion
du Japon, le Shinto, était un culte de la nature, très
simple, peu chargé de rites et de superstitions, mais
recommandant aux grands et même à l'empereur la
simplicité, l'économie et, à tous, le travail.

L'aptitude des Israélites à s'enrichir est un des faits
les plus curieux de l'histoire économique. Jadis, ils
avaient converti les montagnes arides de la Palestine
en un pays où « coulaient le lait et le miel », et où vivait

dans l'aisance une population nombreuse; et, depuis qu'ils sont dispersés dans le monde, ils sont en train de le conquérir par l'accumulation du capital. Leur supériorité sous ce rapport vient-elle de la race? Nullement, car les Arabes, Sémites comme eux, sont rebelles au progrès économique. Elle est plutôt la conséquence de leurs idées morales et religieuses, qui ont créé en eux une seconde nature, tout adonnée à la production et à la capitalisation de la richesse.

Partout, dans l'antiquité, le travail était méprisé : c'était le lot de l'esclave. Au contraire, les prophètes d'Israël glorifient le travail comme la source de tout bien-être et blâment la paresse comme la mère des vices et des souffrances.

Le travail manuel est considéré comme un moyen de relèvement moral, et les lettrés mêmes doivent s'y livrer. Les sages et leurs disciples conduisaient la charrue. Leur maxime était : « Laboure et instruis-toi. »

Voici ce qu'on lit dans les *Proverbes* de Salomon :

« La main paresseuse appauvrit, mais la main des diligents enrichit. » (x, 4.)

« Va, paresseux, vers la fourmi : regarde ses voies, et deviens sage. » (vi, 6.)

« Elle prépare, en été, sa nourriture et amasse, durant la moisson, de quoi manger. » (vi, 7.)

« Un peu dormir, un peu de sommeil, un peu les mains pliées pour être couché, et la pauvreté viendra comme un passant, et la disette comme un homme armé. » (vi, 10, 11.)

Le *Talmud*, s'appuyant sur le psaume cxxviii, met le travailleur au-dessus de celui qui n'est que pieux, et établit une égalité de dignité entre le travail manuel et le travail intellectuel. (Bérachot, 17.)

Quelques sentences talmudiques sont admirables :

« Grand est le travail : il nourrit, élève, ennoblit celui qui s'y livre. »

« Celui-là seul qui sert la terre reçoit d'elle à satiété. »

« Écorche plutôt une charogne, dans la rue, que d'avoir recours à la charité. »

« Qui n'enseigne pas un métier à son fils, l'élève pour le vol. »

Voici encore un récit du Talmud : Un rabbin enlève lui-même une poutre de son champ; on lui demande s'il n'a pas d'ouvriers pour exécuter cet ouvrage ; il répond : « Je fais ceci pour montrer au peuple que le « travail n'est pas une honte. Celui-là seul se désho- « nore qui s'y soustrait. » De là cet axiome : « Chéris le travail et déteste la trop grande richesse. »

Les régions, aujourd'hui désolées, du Tigre et de l'Euphrate, qui faisaient jadis partie de l'empire persan, étaient renommées dans toute l'antiquité pour la ferti- lité de leurs campagnes et la richesse de leurs cités. C'est que la religion de Zoroastre, d'une grande éléva- tion et d'une grande pureté, sanctifiait le travail. Voici quelques extraits de l'*Avesta* qui le prouvent :

« Créateur des mondes visibles, Être pur! qu'est-ce qui fait fleurir la loi mazdéenne?

« Ahura-Mazda (Ormuzd , Dieu) répondit : « C'est la « culture du blé pratiquée avec ardeur. Celui qui pro- « duit du blé produit la sainteté. Lorsque le blé « pousse, les Devas (démons, esprits du mal) bondis- « sent de colère. »

« Créateur des mondes corporels, Être pur! où est, en troisième lieu, ce qui cause une très grande joie à la terre?

« Ahura-Mazda répondit : « C'est là où se cultive le « plus de grains, d'herbes, de pâturages et d'arbres « fruitiers, où l'on arrose le terrain sec et dessèche le « terrain humide. »

« Créateur des mondes corporels, Être pur! où est, en quatrième lieu, ce qui cause une très grande joie à la terre?

« Ahura-Mazda répondit : « C'est là où les bestiaux et « les bêtes de trait reproduisent le plus abondam- « ment. » (Vendidad, III, § 8, 11-17, traduction de Harlez.)

« A celui qui travaille la terre du bras droit et du bras gauche, du gauche et du droit, ô Zarathustra (Zoroastre)! elle apporte la richesse, comme une amie assise sur un siège paré donne à un ami chéri des fils ou des richesses. » (§ 105.)

Voici maintenant la condamnation de la paresse :

« A celui qui ne travaille pas la terre, ô saint Zo-roastre, la terre dit : « Toi qui ne me cultives pas, tu « seras toujours debout à la porte d'autrui; on t'ap- « portera, tandis que tu te tiens au dehors, des ali- « ments en miettes. »

Si certaines doctrines religieuses ont singulièrement favorisé le progrès économique, certaines erreurs ont produit de grands maux. Ainsi c'est de l'intolérance, cette aberration du sentiment religieux, qu'on peut dire qu'elle a été plus qu'un crime, une faute; crime de lèse-humanité et grande faute économique. Elle a chassé de l'Espagne les Maures, qui portaient la culture à la perfection, et les Juifs, qui faisaient le commerce et procuraient le crédit. Elle a ruiné les provinces belges au seizième siècle, et, lors de la révocation de l'édit de Nantes, chassé de France les plus laborieux de ses habitants.

La liberté religieuse a attiré vers la Hollande les affranchis et les proscrits de tous les pays et les victimes de toutes les intolérances, et contribué grandement à la prospérité des Provinces-Unies.

§ 7. De l'influence des sentiments moraux sur la productivité du travail.

Il n'est pas une vertu qui ne conduise à la vraie richesse. Il n'est pas un vice qui ne soit un obstacle au bien-être.

M. Le Play[1] a très bien dit : « Le progrès moral amène toujours un accroissement de prospérité; le progrès matériel, s'il n'est pas accompagné d'un progrès équivalent dans l'ordre moral, amène toujours la décadence. » A l'appui de cette vérité, on peut citer la chute de tous les grands empires de l'antiquité.

La conscience dans le travail fait faire de bonne besogne. L'ouvrier qui en manque travaillera peu et mal.

1. Le Play, né en 1806, mort en 1882, a publié de nombreux travaux sur la condition des ouvriers. Il y indique les réformes qui conduiraient, d'après lui, à la paix sociale. Il a fondé une école qui poursuit la réalisation de ses idées, en appliquant sa méthode d'investigation.

La prévoyance conduit à l'épargne, l'épargne engendre le capital, et le capital féconde le travail.

Prévoir est une force de l'esprit; car c'est voir comme présentes les choses de l'avenir.

« Creuse ton puits avant que tu aies soif, » dit le proverbe japonais. C'est en prévision des besoins à venir que l'homme économise une partie de ce qu'il produit et rassemble ainsi les moyens de vivre mieux et de produire davantage.

L'esprit d'économie enrichit les familles et les États.

La Prusse, qui n'était que « les sables du marquis de Brandebourg », comme disait Voltaire, est devenue un État puissant, grâce à l'esprit d'ordre, d'économie et d'administration intelligente de ses rois et notamment de Frédéric II, alors qu'en même temps la prodigalité sous Louis XIV, l'immoralité sous la Régence, et tous les désordres sous Louis XV ruinaient la France.

Les Caraïbes, rapporte Montesquieu, abattent l'arbre pour en cueillir les fruits. Voilà l'image de l'imprévoyance.

De l'imprévoyance naissent l'intempérance et l'ivrognerie, qui, détruisant et les fruits du travail et l'aptitude à travailler, perpétuent la misère.

Qui dit crédit dit confiance, et la confiance repose sur la certitude que les engagements seront fidèlement observés. Ce puissant levier du commerce a donc pour base une vertu.

Dans tout pays où cette vertu est absente, comme en Orient, le crédit fait défaut.

La persévérance, autre vertu, est aussi une grande force économique.

C'est par la persévérance que les Zélandais ont justifié leur fière devise : *Luctor et emergo* (Je lutte et je surnage), en conquérant deux fois leur territoire, la première fois sur la mer, la seconde fois sur la tyrannie espagnole.

C'est la persévérance qui a présidé à la naissance des États-Unis, quand les premiers émigrés ont eu à lutter contre le climat, les maladies et les tribus sauvages.

La vénalité dans l'administration et la partialité dans la justice sont, en Russie, un des grands obstacles au progrès. L'empereur ne l'ignore pas, mais il ne sait comment y porter remède.

Comme le dit M. Le Play, dans ses *Études sur les ouvriers européens* (p. 41), « le rang occupé par les divers ouvriers dans la vie sociale est en rapport avec le développement qu'a pris chez eux le sentiment de prévoyance. »

Si les communes flamandes ont été si riches et si puissantes au moyen âge, c'est parce que toutes les mâles vertus du travailleur y régnaient : l'assiduité, la conscience dans l'exécution de la besogne, l'esprit d'économie, l'intelligence, le soin, la fraternité au sein de la corporation, et enfin la bravoure pour défendre leurs libertés et leurs privilèges.

Un économiste anglais (Macdonell, *Survey of political economy*) fait les remarques très justes que voici : « Partout où vous trouverez un pays riche, soyez certain qu'il est habité par un peuple soumis à la loi morale et obéissant au devoir. Une terre divisée en champs bien cultivés, couverte de granges pleines et où se fait entendre le bruit des marteaux et des métiers, prouve qu'il y existe ces hautes qualités de l'homme qui font les héros et les martyrs. Quoiqu'on n'accorde pas d'épithètes à une nation qui réussit dans le commerce et dans l'industrie et qui fabrique toutes sortes d'objets convenablement et à bon marché, c'est cependant à ses vertus, à sa sobriété, à son honnêteté, à sa probité, qu'elle doit cette prééminence. »

§ 8. De l'influence de la justice sur la productivité du travail.

« Cherchez d'abord la justice, et le reste vous sera donné par surcroît. » La vérité de ce mot de l'Évangile peut se démontrer clairement.

La justice distributive consiste à traiter chacun suivant son mérite, récompensant celui qui fait bien, punissant celui qui fait mal.

Ce principe, dans l'ordre économique, conduit à la formule : « A chacun suivant ses œuvres. »

Pour que cette maxime soit appliquée, il faut que la loi assure à chacun la pleine jouissance des produits de son travail. Que celui qui sème, moissonne, et que celui qui plante l'arbre en mange les fruits.

Vous avez exécuté votre tâche avec intelligence, soin et ardeur : vous devez avoir bon logis, bon repas, et sécurité pour vos vieux jours. Vous avez été paresseux et négligent : l'indigence et la famine vous en feront porter la peine. Ainsi le veut la justice. C'est l'histoire de la cigale et de la fourmi.

Ils n'ont pas eu tort ceux qui, ayant confiance dans la puissance du droit, ont prononcé ce mot célèbre : *Fiat justitia, pereat mundus* (Que la justice se fasse, quand même le monde devrait périr), ou à l'époque de la Révolution française, à propos de l'abolition de l'esclavage, cet autre mot : *Périssent les colonies plutôt qu'un principe!*

En effet, ce qui est absolument contraire à la justice ne peut être favorable au bien-être, même de ceux qui, en apparence, profitent de l'iniquité. Ainsi c'est l'esclavage qui a été la cause principale de la décadence de la puissance romaine. Pendant les premiers temps de la République, la terre était mise en valeur par des hommes libres, et partout régnait un bien-être simple, mais réel et sain. Par suite de guerres constantes, cette race de paysans aisés, vigoureux et braves disparut peu à peu.

L'aristocratie envahit leurs petits héritages, ainsi que la terre publique, l'*ager publicus*, et en forma de vastes domaines, cultivés par des esclaves.

Tite-Live montre cette dépopulation en une phrase qui dit tout : *Innumerabilem multitudinem liberorum capitum in eis fuisse locis, quæ nunc, vix seminario exiguo militum relicto, servitia romana ab solitudine vindicant.* « ....Une multitude innombrable d'hommes libres a existé dans ces lieux, qui maintenant, fournissant à peine un petit nombre de soldats, ne sont plus peuplés que par quelques esclaves. »

Tiberius Gracchus, allant en Espagne, vit avec douleur les campagnes désertes, et plus tard, dans ses harangues au peuple, il peint cette situation en traits enflammés : « Les bêtes sauvages ont leur tanière où elles peuvent se retirer, et ceux qui versent leur sang pour défendre l'Italie n'y ont à eux que la lumière et l'air qu'ils respirent. Sans demeures fixes, ils errent de tous côtés avec leurs femmes et leurs enfants. Ils ne combattent et ne meurent que pour entretenir l'opulence et le luxe d'autrui. On les appelle les maîtres du monde, et ils n'ont pas en propriété une motte de terre. »

Malgré les lois de Licinius et des Gracques, et toutes les tentatives faites pour reconstituer la classe des petits propriétaires, la dépopulation ne s'arrêta pas. Rome vécut en pillant et en ruinant les provinces par ses proconsuls, le procès de Verrès nous montre par quel odieux brigandage. Rome succomba sous les conséquences des iniquités dont elle vivait. Comme le dit Juvénal : ....*Sævior armis luxuria incubuit, victumque ulciscitur orbem.* (Satire VI, vers 292.) « Plus formidable que le glaive, la luxure a fondu sur Rome et venge l'univers asservi. »

Quand arrivèrent les barbares, ils trouvèrent l'empire presque vide.

Aux États-Unis, le fléau de l'esclavage n'a été extirpé qu'au prix de la plus effroyable guerre civile que connaisse l'histoire, de la mort d'un demi-million d'hommes et du sacrifice de quatorze milliards de francs.

Quand l'injustice des lois est telle que la spoliation est le vœu du plus grand nombre, et le crime, la ressource des plus malheureux, la société marche à sa ruine. Plus l'organisation économique assurera exactement l'application de la justice, plus les hommes, qui, par les lois de la nature, poursuivent le bien-être, seront poussés à travailler beaucoup et bien. Pour ne citer qu'un exemple, c'est dans ce but qu'on a établi les brevets d'invention en faveur de ceux qui font des découvertes, et les droits d'auteur en faveur de ceux qui écrivent des livres.

Mais, outre des lois justes, il faut des juges justes pour les appliquer. Ce point est capital.

Que de fois ne lisons-nous pas dans les historiens : La justice fit fleurir le royaume. « Le royaume se multiplie tellement par la bonne droiture, dit le chroniqueur Joinville, que le domaine, censive, rentes et revenus du Roy croissent tous les ans de moitié. »

J'emprunte à Destutt de Tracy ce mot plein de sens : « Entre des êtres sensibles, fréquemment opposés d'intérêts, la justice est le plus grand des biens; car elle seule peut les concilier, sans qu'aucun ait à se plaindre. »

§ 9. Des lois civiles et notamment de la propriété dans leurs rapports avec la productivité du travail.

Les lois civiles doivent être l'application de la justice. Il faut donc qu'elles assurent à chacun la jouissance de ce qui doit légitimement lui appartenir : CUIQUE SUUM « à chacun le sien », telle est, en effet, la formule de la justice.

De ce principe découle tout d'abord la propriété, qui est la plus importante des institutions civiles. La propriété est le droit exclusif d'user d'une chose, dans les limites de la raison et du droit, *usque patitur ratio juris*, comme le dit admirablement le droit romain.

« Une propriété, » dit très bien aussi Aristote, « est un instrument hors de nous, qui est nécessaire à l'existence. » (*Politique*, Liv. I, ch. III.)

La propriété est nécessaire à l'homme pour accomplir sa destinée; car elle est le complément indispensable de son individualité. La propriété de tous les fruits de son travail doit lui être garantie. Ainsi le veut l'équité, et ainsi le veut aussi l'intérêt général ; car c'est la certitude de jouir de cette récompense légitime de ses efforts qui le poussera à travailler le plus et le mieux possible.

« Faire des propriétaires, c'est faire des honnêtes gens, » dit Paul-Louis Courier. « Donner la terre au laboureur, c'est le plus grand bien qui se puisse faire ; plus la glèbe est divisée, plus elle s'améliore et prospère. »

§ 10. De l'influence des systèmes de succession sur la productivité du travail.

L'influence des différents systèmes de succession sur l'activité des hommes, sur la constitution et sur la marche des sociétés est considérable.

« Il ne se fait pas, » dit Tocqueville[1] (III, 3), « un grand changement dans les sociétés humaines, sans qu'au milieu des causes de ce changement on découvre la loi des successions. »

En analysant les mobiles qui poussent les hommes à produire de la richesse, on constate que, chez l'ouvrier, le besoin journalier suffit pour le maintenir au travail, et même, chez les plus prévoyants, pour les porter à

---

1. Alexis de Tocqueville, né en 1805, mort en 1859, ne s'est pas occupé spécialement d'économie politique, mais, dans ses admirables écrits, *La démocratie en Amérique* et *La Révolution et l'Ancien régime*, il a semé des aperçus lumineux sur la conduite économique des sociétés démocratiques.

épargner un peu, en prévision de la vieillesse; mais, pour exécuter les grands travaux d'amélioration dont les produits ne se recueillent qu'après des années, il faut avoir en vue l'intérêt des enfants. Qui planterait des arbres dont des inconnus recueilleraient les fruits?

« Passe encore de bâtir, mais planter à cet âge! » comme dit La Fontaine. La création et la conservation du capital exigent donc l'institution de l'hérédité.

Pour entretenir et accroître la fécondité du travail, vaut-il mieux que les biens fonciers passent à l'un des enfants, comme le désire la législation anglaise, ou qu'ils soient partagés entre tous, comme l'a voulu la législation française?

Les inconvénients que peut entraîner parfois la division d'un domaine ne sont rien en comparaison de l'avantage immense de faire participer à la propriété le plus grand nombre possible de familles.

La propriété est la condition et le complément de la liberté. L'idéal est que chaque famille ait sa maison, son champ, son instrument de travail ou un titre représentant une part d'un capital collectif, d'une usine, par exemple, ou de toute autre entreprise. C'est par le règlement des successions que cet idéal peut être atteint.

§ 11. De l'influence des systèmes agraires sur la productivité du travail.

La terre est cultivée tantôt par celui à qui elle appartient, tantôt par d'autres à qui la jouissance est concédée moyennant des conditions différentes, comme le métayage, le bail à ferme, l'emphytéose, etc.

Un mode de tenure est d'autant plus favorable à la production qu'il assure plus complètement, à celui qui exploite le sol, les fruits de son travail et les améliorations qu'il aura faites. Sous ce rapport, rien ne vaut la propriété.

Un économiste-agronome anglais, Arthur Young, a dit : « Donnez à un petit propriétaire un coin de rocher, et il en fera un jardin. La puissance magique de la propriété changera le sable stérile en or (*the magic of property turns sand into gold*). »

Allez aux Pyrénées, en Toscane, sur les pentes des Apennins ou sur cet écueil de roches calcaires, à l'entrée du golfe de Naples, célèbre par la retraite de Tibère, à Capri, vous y verrez le sol même créé par l'homme. Des terrasses de pierres sèches sont construites sur la pente des collines : la terre y est apportée dans des hottes et en partie rapportée de nouveau, après chaque violent orage. Des vignes, des oliviers y sont plantés, et, à leurs pieds, croissent le blé et le lupin. Le propriétaire a créé la propriété à la sueur de son front. Voilà l'exemple de ce que fait l'homme quand il est certain de jouir intégralement des fruits de son travail.

« Avec des baux d'un an, le fermier ruinera la meilleure terre, » a dit aussi Arthur Young. La misère des Irlandais et leur détestable culture en sont la preuve.

Pourquoi le cultivateur améliorerait-il le sol, si l'augmentation de la rente vient sans cesse lui enlever les fruits de ses améliorations?

1. Arthur Young, né en 1741, mort en 1820. Il publia plusieurs écrits d'économie rurale. Son *Voyage en France* en 1787-1788 est extrêmement instructif.

Pour favoriser les progrès de l'agriculture, le bail héréditaire, l'emphytéose, et le bail à très long terme se rapprochent d'autant plus de la propriété, que la tenure est plus assurée et de plus longue durée.

Voici dans quel ordre on peut ranger les modes de tenure, comparés sous le rapport de l'encouragement qu'ils donnent au travail :

1° Propriété à celui qui cultive;
2° Bail héréditaire ou emphytéose;
3° Bail à long terme;
4° Métayage;
5° Bail à court terme;
6° Pas de bail ou défaut absolu de garanties.

§ 12. **De l'influence des systèmes de rémunération du travail sur sa productivité.**

L'homme travaillera avec d'autant plus de soin et d'ardeur que sa rémunération sera plus exactement en proportion de la quantité et de la qualité de sa besogne.

Rémunérez également l'ouvrier diligent et l'ouvrier paresseux, tous deux auront intérêt à faire le moins possible.

Si l'activité au travail est en raison de la force du motif d'action qui y détermine, on pourra ranger les travailleurs, comparés sous ce rapport, dans l'ordre descendant qui suit :

1° Celui qui garde pour lui tout ce qu'il produit;
2° Celui qui obtient une part de bénéfice;
3° Celui qui est payé d'après l'ouvrage qu'il fait;

4° Celui qui est payé d'après le temps qu'il est censé occupé ;

5° L'esclave, dont tout le produit est pour son maître.

Voyez ce petit cultivateur : avant l'aube, le voilà déjà sur son champ, et le soleil est couché, qu'il y peine encore ; c'est que la récolte, c'est-à-dire son bien-être, dépend de sa diligence.

La paresse des employés est proverbiale ; c'est que leur traitement est le même, quelle que soit la quantité de besogne qu'ils font.

L'esclavage, en ôtant à l'homme la propriété avec la liberté, a toujours frappé son travail de stérilité. C'est l'esclavage qui a été le principal obstacle au progrès matériel chez les peuples anciens.

§ 13. De l'influence du régime politique sur la productivité du travail.

« Les richesses, » disait J.-B. Say en 1803, « sont absolument indépendantes de l'organisation politique. »

Erreur profonde, car rien n'est plus favorable à la production de la richesse qu'un bon gouvernement, et rien ne lui est plus funeste qu'un mauvais gouvernement. L'histoire de tous les pays et de tous les siècles en porte témoignage.

Combien Montesquieu en a mieux compris les leçons quand il a dit : « Les pays ne sont pas prospères en raison de leur fertilité, mais en raison de leur liberté. » Et Tocqueville : « Je ne sais si l'on peut citer un seul exemple d'un peuple manufacturier et commerçant, depuis les Syriens jusqu'aux Anglais, qui n'ait

été un peuple libre. Il y a donc un lien étroit et
un rapport nécessaire entre ces deux choses : liberté
et industrie. »

La liberté est fille de la raison et mère de la
richesse. La décadence est la suite ordinaire du despotisme.

Jamais cela ne s'est mieux vu qu'à la chute de l'empire romain. « Il y avait dans l'empire, » dit Lactance,
« grâce à la multiplicité des fonctionnaires, plus de
recevants que de contribuants; aussi l'énormité des
taxes épuisait le cultivateur. Les champs étaient dé-
sertés, et les terrains jadis cultivés, abandonnés, se
couvraient de bois! » — « Le fisc, » dit Salvien, au
vi° siècle, « était un brigandage qui a achevé de ruiner
l'empire romain. »

L'ordre, la sécurité, la liberté, la justice et surtout
l'organisation de la responsabilité, qui assure à l'homme
industrieux les fruits de son travail, sont les conditions nécessaires du développement de la richesse. Un
gouvernement le favorisera d'autant plus qu'il garan-
tira mieux ces conditions.

Lorsque, comme sous l'ancien régime, l'impôt met à
l'amende celui qui travaille et qui épargne, et n'atteint
pas celui qui dévore, à la cour, l'argent arraché aux
cultivateurs, il est sage de ne rien faire et de vivre au
jour le jour.

Lorsque, comme en Turquie, les exigences arbitraires
du fisc croissent en raison des signes extérieurs de
l'aisance, être ou paraître pauvre est la seule garantie
de sécurité.

Si l'on veut se convaincre de cette vérité, que le pire
des fléaux est un mauvais gouvernement, il suffit de

visiter les provinces de l'empire turc, jadis les plus riches de l'empire romain. « Les populations, » dit un voyageur, le docteur Lennep, « capables par elles-mêmes de grands progrès, sont étouffées dans une atmosphère générale de malversation et de décadence. Partout des mendiants : du haut en bas de l'échelle sociale, on mendie, on vole ou l'on extorque. On ne fait rien et l'on fera moins encore. Le commerce dégénère en colportage, la banque en usure, toute entreprise en filouterie, la politique en intrigues et la police en brigandage. Les champs sont abandonnés, les forêts dévastées, les richesses minérales négligées ; les routes, les ponts, tous les travaux publics tombent en ruines. »

Où le Turc a passé, l'herbe ne croît plus ; non que le Turc soit pire que bien d'autres, mais c'est le gouvernement turc qui est détestable.

Sous Louis XIV, même cause et mêmes effets. Écoutons le maréchal de Vauban, « le plus honnête homme de son temps, insensé pour l'amour du bien public, » comme dit Saint-Simon : « Si quelqu'un s'en tire, il faut qu'il cache si bien le peu d'aisance où il se trouve, que ses voisins n'en puissent pas avoir la moindre connaissance. Il faut même qu'il pousse la précaution jusqu'à se priver du nécessaire, pour ne point paraître accommodé. » (*La Dîme royale.*)

La peste, la famine et la guerre, ces trois fléaux dont la litanie demande que le ciel nous délivre, sont des maux passagers ; bientôt la fécondité des mariages et celle du travail en réparent les ravages. Mais un mauvais gouvernement est un mal permanent. Tant qu'il dure, les maux qu'il engendre augmentent

Montesquieu s'exprime admirablement à cet égard :

« Il y a, dit-il, deux sortes de peuples pauvres : ceux que la dureté du gouvernement a rendus tels, et ces gens-là sont incapables de presque aucune vertu, parce que leur pauvreté fait partie de leur servitude. Les autres ne sont pauvres que parce qu'ils ont dédaigné, ou parce qu'ils n'ont pas connu les commodités de la vie, et ceux-ci peuvent faire de grandes choses, parce que cette pauvreté fait une partie de leur liberté. » (*Esprit des lois*, xx, 3.)

Ailleurs, pour expliquer comment la liberté enrichit les peuples, le même auteur dit : « Règle générale, dans une nation qui est dans la servitude, on travaille plus à conserver qu'à acquérir. Dans une nation libre, on travaille plus à acquérir qu'à conserver. »

§ 14. De l'influence de la démocratie sur la productivité du travail.

Tocqueville a montré, en traits qui ne s'oublient pas, l'influence de la démocratie sur la production de la richesse : « Toutes les causes, dit-il, qui font prédominer dans le cœur humain l'amour des biens de ce monde, développent le commerce et l'industrie. L'égalité est une de ces causes. Elle favorise le commerce, non point directement, en donnant aux hommes l'amour du négoce, mais indirectement, en fortifiant et généralisant dans les âmes l'amour du bien-être. »

Malgré les agitations inséparables de la liberté, les communes démocratiques de la Grèce, de la Flandre et de l'Italie ont joui d'une rare prospérité et jeté un grand éclat. L'historien florentin Machiavel en donne la raison :

« La vertu des citoyens, leurs mœurs, leur indépendance avaient plus d'effet pour renforcer notre république, que leurs dissensions pour l'affaiblir. Un peu d'agitation donne du ressort aux âmes, et ce qui fait vraiment prospérer l'espèce est moins la paix que la liberté. »

La servitude amène la décadence parce qu'elle diminue l'activité. « Quand tout reste écrasé sous le joug, » dit Rousseau, « c'est alors que tout dépérit et que les chefs détruisent les peuples, *ubi solitudinem faciunt, pacem appellant* » (Tacite).

§ 15. Influence de la liberté du travail sur sa productivité.

Guidé par son intérêt, l'homme, s'il a quelque lumière, s'adonnera au travail le plus profitable. Il s'ensuit que plus le travail est libre, plus il est productif. La liberté du travail comprend :

1° La liberté de choisir son métier. Les monopoles et les jurandes en étaient la négation.

2° La liberté de travailler où l'on veut : point de privilèges pour certaines localités ; liberté dans le choix du domicile.

3° La liberté de s'associer.

4° La liberté d'acheter et de vendre où il y a le plus d'avantage : liberté du commerce.

5° Liberté de prêter son argent : abolition des lois contre l'usure.

Toutes ces libertés ont été proclamées par la Révolution française et conquises, successivement, dans les pays civilisés, depuis la fin du siècle dernier. Il en résulte un accroissement extraordinaire de l'activité et de la productivité du travail.

Rien ne contribue autant à rendre le travail productif que la libre concurrence entre ceux qui travaillent. C'est une lutte pacifique à qui fera le mieux, afin de vendre le plus et de gagner le plus. Chacun s'agite, s'ingénie, cherche une économie, une amélioration à faire, un nouvel engin à employer. La peine de celui qui échoue est la gêne ou la misère ; la récompense de celui qui réussit, le bien-être et la richesse.

C'est le combat pour la vie qui, parmi les animaux, se décide à coups de griffes et de dents; parmi les sauvages, à coups de hache ou de javelot; et parmi les civilisés, par la supériorité du travail, de l'invention et du capital.

§ 16. Influence de l'association et de la coopération sur la productivité du travail.

Avez-vous jamais vu faire la chaîne pour éteindre un incendie? Vingt, trente hommes se mettent à la file, depuis l'endroit où l'on puise l'eau, jusqu'au lieu de l'incendie, et ils se passent rapidement les seaux pleins d'une main et les seaux vides, au retour, de l'autre main. Ils apportent ainsi vingt fois plus d'eau que si chacun d'eux courait de la fontaine jusqu'au bâtiment qui brûle. Ceci est l'image des avantages qu'offre l'association.

S'agit-il de mettre une barque à l'eau, dix hommes poussant successivement ne la feront pas bouger;

qu'ils poussent tous ensemble, et la voilà lancée. C'est l'image des avantages de la coopération.

Les hommes, quand ils s'entendent d'une façon intelligente et suivie, parviennent à faire ce que n'accompliront jamais cent fois plus d'individus isolés.

Cette importante vérité est résumée dans le symbole romain du faisceau et dans la devise de l'Autriche : Viribus unitis « Par les forces unies ».

La division du travail repose sur une coopération spontanée. Le boulanger qui fournit du pain à l'instituteur, et l'instituteur qui donne l'instruction aux enfants du boulanger, coopèrent à une œuvre commune : fournir à l'homme le pain du corps et le pain de l'intelligence. En réalité, sans qu'ils le sachent ou le préméditent, ils sont associés.

17. Influence de la division du travail sur sa productivité.

La division du travail consiste à répartir la besogne, entre ceux qui doivent l'exécuter, de façon que chacun d'eux fasse constamment le même ouvrage ou même seulement une partie de l'ouvrage.

Un forgeron forge toute l'année des clous, et avec ces clous il se procure, par l'échange, tout ce dont il a besoin. C'est la première forme de la division du travail; on peut l'appeler la « spécialité du métier ».

Pour faire une épingle, il faut dix-huit opérations différentes; chacune d'elles est confiée à un ouvrier spécial. C'est la seconde forme de la division du travail, qu'on peut appeler la « division parcellaire ».

La spécialité des fonctions s'applique spontanément, car chacun est disposé à faire ce pourquoi il a des aptitudes, et les autres ont intérêt à ce qu'il le fasse.

Dans le genre de vie le plus simple, chez les sauvages, l'homme se livre à la chasse, la femme prépare les aliments et les vêtements.

Quand l'industrie humaine progresse, quoique la plupart des travaux continuent à se faire au sein de la famille, quelques métiers isolés apparaissent : le forgeron, le batteur de cuivre, le potier.

Plus tard, la spécialité du métier fait naître, en Égypte, combinée avec l'hérédité, la caste héréditaire et, au moyen âge, avec le privilège, la corporation ouvrière.

La division du travail accroît beaucoup la productivité, et, par conséquent, diminue, en proportion, le prix des produits. Les épingles de 1/2 à 1 franc le mille, les cartes à jouer à 50 centimes le jeu, les montres à remontoir à 15 francs la pièce, en sont des exemples qui paraîtront merveilleux si l'on y réfléchit.

Ces avantages proviennent de différentes causes, dont voici les principales :

1° Habileté de l'ouvrier, accrue par la répétition des mêmes opérations.

2° Épargne de la perte de temps de mise en train, qui se répète chaque fois qu'il faut changer d'occupation et d'outil.

3° Économie dans l'outillage, chaque ouvrier n'ayant guère besoin que d'un outil, tandis que, sans la division, il lui faudrait autant d'outils qu'il aurait d'opérations à exécuter.

4° Emploi plus avantageux des aptitudes diverses des ouvriers, chacun faisant constamment ce qu'il fait le mieux, et économie notable dans la dépense de la main-d'œuvre, car, chacun étant rétribué en proportion de la difficulté du travail, les opérations les plus simples, confiées à des mains faibles ou peu exercées, et même malheureusement à celles des femmes et des enfants, ne sont que peu payées.

5° Emploi plus fréquent de la machine qui remplace l'ouvrier, pour toute partie de l'ouvrage qui est ramenée à un mouvement identique et régulier.

6° La division du travail contribue à faire régner l'égalité par l'équivalence des fonctions. Vous êtes fort, et je suis faible : si nous faisons la même besogne, vous en exécuterez deux fois plus que moi, et comme les fruits du travail en sont la récompense légitime, vous serez deux fois mieux pourvu. Mais si nous nous associons pour diviser les travaux entre nous, vous cultiverez la terre pour nous deux, et moi je préparerai les aliments et les vêtements aussi pour nous deux. De cette façon, nous serons d'abord l'un et l'autre mieux nourris et mieux vêtus. En second lieu, les services que chacun de nous rend à l'association se valant, notre rémunération peut être égale.

En tirant parti des aptitudes diverses des hommes, on les fait contribuer pour une part équivalente à la production générale.

La division du travail peut être appliquée d'autant plus complètement que le débouché du produit est plus étendu, les échanges plus faciles et les moyens de communication plus perfectionnés. Dans un village où la clientèle est peu nombreuse, le maréchal-ferrant exécutera tous les travaux où le fer est employé. Dans une grande ville, le travail du fer se divisera en celui du maréchal-ferrant, du poêlier, du mécanicien, du fabricant d'outils ou de coffres-forts. Quand les routes sont mauvaises et peu sûres, les échanges sont rares et difficiles, et chaque groupe de population doit produire sur place tout ce qu'il consomme. Ainsi, dans les villas de Charlemagne, le domaine fournissait les aliments, les femmes filaient et tissaient la laine et le lin des vêtements, et les hommes confectionnaient les outils et les instruments aratoires.

Aujourd'hui, grâce aux chemins de fer, aux bateaux à vapeur et à la bonne entente des peuples, le globe entier n'est plus qu'un seul marché, et dans l'atelier du monde, chaque nation doit s'appliquer à produire les denrées que le sol et le climat lui permettent d'obtenir avec le moins de frais.

Le marché d'un produit, c'est-à-dire le cercle où il peut se vendre, est d'autant plus étendu que ce produit a moins de poids ou de volume relativement à sa valeur. Le marché de la houille est restreint par suite des frais de transport. Le marché des montres et des soieries comprend l'univers tout entier.

Les hommes n'ont pas tous les mêmes aptitudes, et précisément les différents travaux en exigent de différentes. Employez donc, dans chaque genre de travail, celui qui possède les facultés que ce travail exige : faites forger le fer par qui a un bras vigoureux, confectionner un ressort de montre par qui a des doigts légers, sculpter le bois par qui a du goût, diriger une entreprise par qui est doué de prévoyance et d'instruction, et ainsi le travail sera aussi productif qu'il peut l'être. C'est l'application de la maxime anglaise : *The right man in the right place*, que Cicéron avait, déjà parfaitement formulée en ces termes : *Ad quas res aptissimi erimus, in iis potissimum elaborabimus;* « Travaillons de préférence aux choses pour lesquelles nous avons le plus d'aptitude ».

C'est ce principe qu'il faut appliquer aux différents pays, afin d'arriver ainsi à la division du travail entre les régions géographiques.

Demandez à chaque pays le produit pour lequel la nature lui a donné des avantages spéciaux : le thé à la Chine, le café au Brésil et à Java, le fer à l'Angleterre, le vin à la France, le froment aux terres noires du Danube et de la Russie, le coton aux États-Unis, le riz à l'Inde, et l'humanité obtiendra, en échange de la moindre somme d'efforts, la plus large satisfaction de ses besoins.

La division du travail, appliquée au globe tout entier, fait de tous les hommes des associés dans l'atelier universel où s'élabore le bien-être croissant de l'humanité.

On s'est effrayé des conséquences de la division du travail parcellaire. Que peut devenir un ouvrier qui toute sa vie ne fera que des têtes d'épingles? s'est écrié un historien français, Lemontey, à propos de l'exemple classique cité par Adam Smith.

Tocqueville, avec sa profondeur habituelle, a reproduit la même idée : « A mesure que le principe de la division du travail reçoit une application plus complète, l'ouvrier devient plus faible, plus borné, plus dépendant. L'art fait-il des progrès, l'artisan rétrograde. Le patron ressemble de plus en plus à l'administrateur d'un vaste empire, et l'ouvrier à une brute. Ils diffèrent chaque jour davantage.» (*La Démocratie en Amérique*, t. II, p. 20.) Heureusement, ces craintes ne se sont pas réalisées.

Dans l'agriculture on ne peut pousser très loin la division du travail, parce que les travaux du labourage, des semailles et de la moisson se succèdent; cependant l'ouvrier agricole est loin d'être plus intelligent que l'ouvrier industriel, et c'est dans les industries où la division parcellaire est poussée à l'extrême, dans la fabrication des montres et des armes, par exemple, qu'on rencontre les ouvriers les plus intelligents.

Il est heureux qu'il en soit ainsi, car il ne faut jamais sacrifier l'ouvrier au perfectionnement de l'ouvrage, parce que le but à atteindre est l'amélioration et le bonheur de l'espèce humaine, plus encore que l'accroissement de la richesse.

Cependant la spécialité des occupations est aujourd'hui poussée trop loin. Celui qui travaille des bras devrait avoir quelques loisirs pour travailler de la tête, et celui qui travaille de la tête, quelques heures pour travailler des bras.

Le président des États-Unis, Lincoln, fendait des bûches, et le grand ministre anglais Gladstone abat des arbres.

Pour assurer la santé à l'esprit et au corps, il faut donner aux deux des aliments et de l'exercice.

Les avantages de la division du travail ont été signalés par les anciens. Platon, Xénophon et Denys d'Halicarnasse en parlent. Platon loue les Égyptiens d'avoir confié à un même ouvrier le même travail, parce qu'ainsi il est devenu plus habile. Nous lisons dans son livre *La République* (liv. II) : « Les choses iraient-elles mieux si un seul faisait plusieurs métiers, ou si chacun se bornait au sien? Certes oui, si chacun se bornait au sien. »

Le passage suivant, de la *Cyropédie*, montre que Xénophon avait parfaitement compris la supériorité du travail divisé et même parcellaire, ainsi que les causes qui le font naître et qui le limitent : « Dans les petites cités, le même ouvrier fait des lits, des portes, des charrues, des meubles; souvent même il bâtit des maisons. Un ouvrier qui s'occupe de tant de choses ne peut réussir à toutes également. Au contraire, dans une grande ville, où une foule d'habitants ont les mêmes besoins, un seul métier suffit à nourrir un artisan. Quelquefois même il n'en exerce qu'une partie : un cordonnier ne chausse que les hommes; un autre ne chausse que les femmes. L'un gagne sa vie à coudre des chaussures, tandis qu'un autre les coupe. Selon l'ordre naturel des choses, un homme dont le travail est borné à une seule espèce d'ouvrage y excellera. »

La Fontaine a exprimé autrement la même idée dans la fable *Le Lion s'en allant en guerre* :

> République prudente et sage
> De ses moindres sujets sait tirer quelque usage,
> Et connaît les divers talents.

§ 18. De l'influence de la science appliquée à l'industrie sur la productivité du travail.

Virgile a dit : *Felix qui potuit rerum cognoscere causas;* « Heureux celui qui connaît les causes des choses ».

En effet, mieux il les connaîtra, mieux il saura en tirer parti pour augmenter son bien-être. Bacon a dit : *Knowledge is power,* « Science est puissance ».

Le philosophe Victor Cousin exprime la même idée que Bacon et Virgile : « L'esprit, voilà le capital primitif, qui contient et produit tous les autres. »

Rien ne contribue plus à accroître la productivité du travail que d'y appliquer la science, c'est-à-dire l'observation des faits et des lois de la nature. L'histoire du progrès économique en fournit la preuve à chaque pas.

L'homme primitif remarque que dans la forêt, deux branches sèches, frottées l'une contre l'autre par le vent, s'enflamment. Il imite ce que fait la nature.

Il creuse un trou dans un morceau de bois léger et bien sec, et il y fait tourner rapidement un coin d'un morceau de bois très dur : la flamme jaillit. C'est la découverte du feu, la plus grande peut-être qu'ait faite l'humanité, et qui, à l'instant, l'élève au-dessus des animaux. Aussi, de ce coin de bois, elle a fait un symbole vénéré, et de la flamme une puissance surnaturelle, un dieu, Agni, chez les Ariens.

Le Prométhée des Grecs, qui ravit le feu au ciel, est le *Pramatha* de l'Inde primitive, le coin de bois dont la rotation engendre la flamme (de la racine sanscrite *math* « frotter »).

A Rome, le feu sacré est conservé par des Vestales, et il en était de même au Pérou. On ne peut le rallumer que par la friction des coins de bois.

L'homme ramasse un éclat de silex. Il s'en fait une hache. Cet outil à la main, il va conquérir le monde, comme aujourd'hui encore le *squatter* américain.

Plus tard, il observe qu'une branche pliée, dont

les deux bouts sont rattachés par une corde, est douée d'une force élastique qui lance au loin la flèche. Le voilà armé de l'arc, et il se procure ainsi bien plus de gibier qu'avec le boumerang, la seule arme de jet que connussent les Australiens.

Il voit flotter un arbre sur l'eau : il en conclut qu'en le creusant il pourra s'y placer et s'y mouvoir à la surface des flots : la navigation est inventée.

Il comprend qu'en donnant certaines formes particulières aux morceaux de pierre dure qu'il rencontre, il peut s'en servir pour creuser le bois, blesser et tuer les animaux, et ainsi il se fait des haches, des couteaux, des scies, des pointes de javelot en silex ou en obsidienne.

Plus tard, et bien longtemps après, il apprend l'usage des métaux, et remplace ces outils et ces armes de pierre par du cuivre et du bronze, d'abord, puis par du fer. Quelle série incalculable de chances heureuses, d'observations, de déductions, d'essais de toute espèce, n'a-t-il pas fallu pour arriver à la possession d'une hache ou d'une pointe de flèche en métal?

C'est de là que date vraiment l'industrie des races civilisées.

Depuis lors, les observations, groupées en système, deviennent des sciences : la chimie, la physique, la minéralogie, la mécanique, multiplient leurs découvertes. L'eau, le vent, la vapeur, l'électricité, apportent aux faibles bras de l'homme le concours de leurs forces colossales.

Tous les procédés de la production dans l'agriculture, dans les manufactures, dans les moyens de transport, se perfectionnent sans cesse par l'application de nouvelles inventions scientifiques.

Cet avancement des arts utiles peut se résumer en un mot : toute industrie devient science.

La comparaison des degrés si différents de bien-être dont jouissent les peuples confirme la vérité de cette observation.

Pourquoi les sauvages de l'Australie vivent-ils dans le plus affreux dénuement, sur la même terre où les Anglais regorgent de biens? Parce que les premiers ne savent faire usage que de leurs bras, tandis que les seconds, guidés par la science, font concourir à la production les forces de la nature et les propriétés de la matière.

Pourquoi les habitants des États-Unis sont-ils mieux pourvus de toutes choses que les habitants du Brésil? Parce que les premiers emploient plus de machines et plus de procédés scientifiques que les seconds, et, s'ils le font, c'est parce que chez eux les connaissances sont beaucoup plus généralement répandues. Les progrès dans les sciences sociales, la philosophie, la morale, le droit, l'économie politique et la politique, apprenant aux hommes à mieux se connaître, à remplir leurs devoirs, à respecter la justice et à organiser la société, contribuent à favoriser la production de la richesse, tout autant que les sciences naturelles.

Conclusion : Un pays veut-il augmenter son bien-être? qu'il cultive toutes les sciences, et qu'il ne recule devant aucun sacrifice pour en favoriser l'avancement et pour en répandre les découvertes.

§ 10. Influence de l'instruction et de l'éducation sur la productivité du travail.

Ce point a été parfaitement élucidé par un éminent économiste italien, M. Luigi Cossa.

L'instruction et l'éducation contribuent à accroître la productivité du travail, en augmentant et surtout en donnant une meilleure direction à l'emploi des forces de l'homme.

A cet effet, il faut d'abord une éducation générale et « humaine », puis une éducation spéciale ou professionnelle, et, dans les deux, il est nécessaire d'exercer et de cultiver les facultés corporelles, intellectuelles et morales.

Les facultés corporelles s'entretiennent et se perfectionnent par l'hygiène et par la gymnastique, ainsi que l'ont si admirablement compris les Grecs.

Dans l'Apologue de Procidus, la Vertu dit à Hercule : « Veux-tu que ton corps devienne robuste? Souviens-toi de l'accoutumer à l'empire de l'âme et à l'exercer au milieu des fatigues et des sueurs. »

La culture intellectuelle, en tant qu'elle peut avoir pour but d'accroître la fécondité du travail, doit, premièrement, exercer l'attention, la mémoire et surtout le raisonnement; et, secondement, faire connaître les lois du monde physique et du monde moral, dont l'influence sur l'activité économique est si grande.

La culture des facultés morales doit stimuler les vertus pratiques, comme l'amour du travail, la prévoyance, l'esprit d'économie; combattre les penchants vicieux, comme la paresse et la prodigalité; enfin.

fortifier le caractère, afin de vaincre les résistances de toutes sortes qui retardent le progrès industriel.

Pour répandre l'instruction professionnelle, il faut organiser des institutions spéciales, comme les écoles des mines, les écoles d'agriculture, les écoles des arts et métiers, les écoles industrielles. Toute dépense faite à cet effet sera rémunérée au centuple par l'accroissement de la richesse.

Ainsi que le dit Stuart Mill, la culture intellectuelle, pour le grand nombre des hommes, doit avoir surtout pour but la culture du bon sens, de façon qu'ils apprécient sainement les circonstances au milieu desquelles ils vivent, et les conséquences de leurs actes.

Voyez comme les anciens comprenaient l'éducation de l'esprit et du corps. Marc-Aurèle, dans le palais impérial, revêtu de la robe du philosophe, couchait à terre, sur une peau, étudiait la philosophie, le droit, l'art oratoire, la géométrie et la musique, et en même temps consacrait, chaque jour, quelques heures au jeu de paume, à la course à pied et à cheval, à la lutte et même au pugilat.

§ 20. Des entraves apportées par l'ignorance à la productivité du travail.

S'il est vrai que la science est la source principale de notre bien-être, l'ignorance doit être la cause de la plupart de nos maux.

Comme l'homme poursuit ardemment son bien, s'il savait clairement en quoi il consiste, et surtout comment il faut y arriver, il est certain qu'il serait aussi heureux qu'il lui est permis de l'être sur cette terre. Mais, dans les complications de la vie sociale, il ne discerne pas où réside son véritable intérêt; ou trop souvent, tant que de justes lois ne s'y opposent pas, il sacrifie le bien des autres à son égoïsme. Parmi les animaux carnivores, les plus forts mangent les plus faibles. Parmi les hommes, le cannibalisme étant une ressource insuffisante, les plus forts ont trouvé, pour tirer parti des plus faibles, un moyen plus avantageux que de les manger : c'est de les forcer à travailler pour eux, en les dépouillant, sous des formes diverses, des produits de leur travail. De là l'esclavage, la guerre, les révolutions et ce cortège de maux que l'iniquité et la violence ont déchaînés sur l'humanité. Dans l'antiquité, la spoliation est considérée comme le plus noble moyen d'acquérir la richesse, ainsi qu'on le voit bien dans ce passage d'un chant héroïque de Tyrtée, le poète patriote de la Grèce : « Partout nous régnons en maîtres. Là où nous abordons, tout nous appartient. Nous vendangeons avec nos lances, nous labourons avec nos épées. »

Aristote considère la guerre et la chasse aux esclaves comme un moyen légitime d'acquérir la richesse : « L'art de la guerre est un moyen d'acquisition naturelle. La guerre est une espèce de chasse aux bêtes et aux hommes, nés pour obéir et qui se refusent à l'esclavage. » (*Politique*, I, 5.)

Dans une phrase frappée avec le relief d'une médaille romaine, Tacite nous montre la même idée régnant chez les Germains : *Nec arare terram aut exspectare annum tam facile persuaderis, quam vocare hostem et vulnera mereri. Pigrum quin immo et iners videtur sudore acquirere quod possis sanguine parare* (*Germania*, XIV). «On ne leur persuadera pas facilement de cultiver la terre et d'attendre la récolte de l'année, plutôt que de provoquer l'ennemi et de se distinguer par des blessures; ce leur semble paresse et inertie d'amasser, au prix de leur sueur, ce qu'on peut acquérir au prix du sang. »

Si, malgré les hautes aptitudes de leur race et l'excellence de leurs institutions politiques et communales, les Germains sont restés barbares jusqu'à l'introduction du christianisme, c'est parce que la spoliation entretenait entre les peuples et les tribus un état de guerre permanent, comme parmi les Peaux rouges de l'Amérique du Nord.

Toute l'antiquité et tout le moyen âge, malgré les enseignements de l'Évangile, glorifient l'épée du guerrier et n'ont que mépris pour la houe du travailleur. Toutes ces funestes erreurs survivent encore dans les esprits, et il en sort l'antagonisme des peuples, la guerre, l'esprit de guerre et, fléau peut-être plus grand encore, la paix armée.

On a estimé que la paix armée coûte aux peuples civilisés treize à quatorze milliards de francs par an, en comprenant la perte du travail d'environ trois millions de soldats et de marins.

Un économiste français, M. de Foville, dans un travail très consciencieux intitulé : *Ce que coûte la guerre*, a démontré que deux guerres seulement, celle de la sécession aux États-Unis et celle de 1870 entre la France et l'Allemagne, ont infligé à ces trois nations des pertes diverses dont le total s'élève à plus de trente milliards de francs.

Quelle source féconde de misères serait tarie si les peuples parvenaient à comprendre qu'ils n'ont aucun intérêt à se nuire, à se subjuguer, à s'enlever des provinces ou des débouchés.

Une seule erreur chassée de l'esprit des hommes, et surtout de celui des souverains, suffirait pour transformer la condition de l'humanité.

Les entraves au commerce international, les guerres de tarifs, les dépenses improductives et immorales des particuliers, les abus de la spéculation, la charité mal entendue, les mauvais impôts, la répartition vicieuse de la richesse, le mauvais emploi qu'en font les États et les communes, autant d'obstacles au bien-être, ayant pour cause autant d'erreurs économiques.

La paix, la justice et la fraternité étant de l'intérêt de tous, à mesure que cette vérité sera plus clairement perçue, les causes de mal-être diminueront.

Voulez-vous le bonheur des hommes, dissipez l'ignorance et extirpez les erreurs.

CHAPITRE IV.

LE PRODUIT BRUT, LE PRODUIT NET
ET LES FRAIS DE PRODUCTION.

Le produit brut est l'ensemble de toutes les choses utiles produites par un individu ou par une nation.

Le produit net est ce qui reste disponible du produit brut, après prélèvement fait de ce qu'il faut consommer pour créer de nouveau le produit brut.

Ce prélèvement, ces « avances » nécessaires, sont les frais de production.

Je récolte cent hectolitres de blé : voilà mon produit brut. Mais, pour obtenir à nouveau une récolte semblable, je dois me nourrir et payer vêtements, usure d'outils, engrais et autres objets que je consomme, ce qui me coûte cinquante hectolitres : voilà mes frais de production. De ma récolte de cent hectolitres, déduction faite de ces cinquante hectolitres de frais, il me restera donc disponible cinquante hectolitres : voilà mon produit net.

Une industrie est d'autant plus productive que son produit net est plus considérable. Mais, comme l'a fait remarquer Adam Smith, l'important pour la nation, c'est le produit brut; car c'est sur la masse de toutes les choses utiles destinées à la consommation, que la nation subsiste.

En divisant, pour un pays, ce total par le nombre des habitants, on obtiendra un chiffre qui donnera l'idée du bien-être moyen de chaque habitant.

C'est sur le produit net que vivent les personnes qui ne sont pas directement engagées dans le travail de l'industrie : les rentiers, les fonctionnaires, les médecins, les avocats.

C'est en Angleterre que le produit net est le plus considérable, car c'est là qu'on trouve le plus d'individus en dehors des industries ouvrant la matière.

Le produit net d'une nation est cette partie du produit total qui n'est pas nécessaire pour reproduire celui-ci. C'est cette partie que l'épargne peut *capitaliser*, c'est-à-dire transformer en capital, en l'employant à créer de nouveaux instruments de travail.

CHAPITRE V.

§ 1. Différentes espèces de capitaux.

Le troisième facteur de la production est le capital.

Est capital tout produit du travail épargné et employé à une production nouvelle.

Le capital est donc, comme on l'a dit, du travail accumulé.

Une bêche, une scie, une charrue, sont du capital : la main de l'homme les a faits et les emploie à créer des choses utiles.

Toute richesse n'est pas capital. Ainsi la terre, notre principale richesse, ne l'est pas, car elle n'est pas œuvre humaine. Un cheval de luxe est une richesse ; il n'est pas un capital, car il n'est pas employé à produire.

C'est l'emploi qui détermine la qualité de capital, car ce même cheval, s'il sert au transport des lettres, devient capital : il contribue à la production des choses utiles.

Le capital n'est pas productif par lui-même. Le travail seul est actif. Mais le travail ne produit abondamment qu'avec le secours du capital.

Si un homme grattait la terre avec ses ongles, il n'en retirerait pas de quoi vivre. Avec la bêche, avec la charrue, il ne manquera de rien.

Les qualités, les aptitudes, les connaissances de ceux qui contribuent à la production peuvent être considérées comme du capital immatériel, car elles sont le résultat d'un travail antérieur appliqué à un travail nouveau.

Le travail, qu'on appelle souvent le « capital du pauvre », n'est pas du capital : C'est un acte; tandis que le capital est le résultat d'un acte.

On distingue les capitaux en *capitaux fixes* et en *capitaux circulants*.

Le capital fixe ou engagé est celui qui n'est pas consommé dans chaque opération de la production. Il subsiste, sert à des opérations successives, ne se renouvelle que lentement et donne des profits sans changer de maître. Il comprend : 1° les constructions destinées à l'industrie; 2° les machines et les outils; 3° les améliorations incorporées au sol : clôtures, fossés, galeries dans les mines, etc.

Le capital circulant ou fonds de roulement est celui qui est consommé dans chaque opération et qui reparaît, transformé, dans le produit nouveau. A chaque vente de ce produit, il est représenté par du numéraire, et c'est de cette transformation que vient le bénéfice. Il comprend : 1° les matières premières destinées à la fabrication, comme la laine ou le lin; 2° les produits fabriqués chez le manufacturier ou le marchand, comme le drap ou la toile, ou les créances qui représentent les objets vendus à crédit; 3° l'argent pour le salaire des ouvriers, et les approvisionnements.

Entrez dans une ferme: Les instruments aratoires

et les animaux de travail moteurs de ces instruments sont du capital fixe; les animaux de vente, les récoltes, l'argent en caisse sont du capital circulant.

La distinction dépend de la destination.

Le numéraire est, pour le pays tout entier, du capital fixe, comme l'est une voie ferrée; pour l'industriel, c'est du capital circulant.

Le salaire, pour le patron qui le paye, est du capital circulant, et pour l'ouvrier qui le reçoit, c'est simplement un revenu.

Dans chaque genre d'industrie, il existe entre les deux espèces de capitaux une proportion normale. Un banquier, un commerçant, n'a que du capital circulant. Dans un chemin de fer, presque tout est capital engagé.

Pour un industriel, il est dangereux d'avoir un fonds de roulement insuffisant, car il est alors forcé d'avoir largement recours au crédit, ce qui peut le ruiner.

Pour un pays, il est dangereux aussi d'augmenter trop rapidement le capital engagé, car il en résulte parfois des crises, comme celles de 1847, en Europe, et celles de 1856 et 1873, en Amérique, qui provenaient de ce qu'on avait construit trop de chemins de fer.

Il n'est pas exact de dire, avec Stuart Mill, que « l'industrie est limitée par le capital ».

Certaines inventions, ou même certaines combinaisons, ont, au contraire, pour effet d'augmenter beaucoup la puissance de l'industrie, en diminuant la quantité du capital qu'elle doit mettre en œuvre.

Ainsi la division du travail, comme nous l'avons vu, permet une grande économie sur l'outillage.

Une machine à vapeur pour navire coûte aujourd'hui beaucoup moins et brûle aussi beaucoup moins de charbon qu'il y a trente ans, pour une même force obtenue.

C'est surtout l'emploi plus scientifique des forces de l'homme et de la nature, qui augmente la puissance de l'industrie.

Le capital, immobilisant le travail d'aujourd'hui, épargne le travail de demain.

Aux temps primitifs, Rébecca va à la fontaine, emportant l'eau, dans une amphore, sur sa tête. Le vase est le seul capital, mais les allées et venues prennent bien du temps.

Plus tard, on creuse un puits et l'on place une pompe : le capital immobilisé est plus grand, mais le travail quotidien est bien moindre.

Enfin, on établit à grands frais une distribution d'eau : le capital engagé dans les conduites est dix fois, vingt fois plus considérable, mais il suffit de tourner un robinet pour avoir plus d'eau que Rébecca n'aurait pu s'en procurer en courant tout le jour.

§ 2. Comment se forme le capital.

Le capital naît de l'épargne.

Je produis en un jour de quoi subsister pendant trois, et je profite de mes deux jours de loisir pour me faire une bêche, avec laquelle j'obtiendrai de la terre plus de produits en moins de temps. J'aurai ainsi encore plus de temps disponible, et je pourrai confectionner plus facilement de nouveaux engins. Chaque progrès accroît la facilité d'en faire de plus grands.

Tous les mystères de la création du capital sont contenus dans cet exemple.

Pour que je puisse faire ma bêche, il faut que le travail antérieur laisse un excédent, qui est le produit net, et pour que j'emploie cet excédent, non à vivre oisif, mais à confectionner un instrument utile, il faut que la prévoyance me détermine à sacrifier un agrément actuel à un avantage futur.

Mettre des biens en réserve pour l'avenir, c'est épargner; mais consommer ces biens en fabriquant un objet qui me permet désormais de produire plus de choses utiles avec moins d'efforts, c'est la meilleure forme de l'épargne.

Épargner en créant du capital, ce n'est donc pas s'abstenir de consommer, mais c'est consommer de façon qu'il naisse un instrument qui augmentera la production et, par conséquent, la consommation.

Pendant les deux jours consacrés à faire ma bêche, je consomme ma subsistance. Si j'avais passé ce temps à m'amuser, j'aurais consommé tout autant, ni plus, ni moins; seulement, dans le premier cas, je serai, à l'avenir, beaucoup mieux pourvu, grâce à ma bêche. Dans le second cas, je continuerai de gratter la terre avec mes ongles.

On voit ainsi combien on a tort de croire que l'épargne, qui crée le capital, restreint la consommation et la circulation, ou, comme on dit, le commerce.

La foule maudit l'avare et applaudit le prodigue. Elle juge mal. L'avare et le prodigue sont tous deux déraisonnables; mais le premier ne fait tort qu'à lui-même, tandis que le second nuit aux autres.

La création du capital, par l'épargne, sera d'autant plus grande que le travail est plus productif et l'homme plus porté à l'épargne.

Le travail d'un jour produit de quoi subsister pendant un jour : la création du capital par l'épargne est impossible. Mais que le travail devienne plus productif, et en un jour je produirai la subsistance de trois jours; il y aura alors un produit net disponible de deux jours de vivres. Ceux-ci peuvent être convertis en instruments de travail, et ils le seront, si celui qui en dispose est porté à l'épargne.

Ce qui porte à épargner, ce sont les habitudes prises dès l'enfance, dans l'école, par exemple, les mœurs du pays, l'opinion régnante, la sécurité et la facilité des placements, et enfin les profits que ceux-ci rapportent.

L'épargne n'est définitive et vraiment utile à la société que quand elle aboutit à la création d'un capital nouveau.

Plus un homme ou un pays est dénué, plus l'épargne lui est en même temps nécessaire et difficile. C'est pourquoi une nation pauvre a tant de peine à sortir de son dénuement.

La possession d'un premier capital, augmentant la productivité du travail, facilite l'acquisition de capitaux nouveaux. C'est pourquoi l'enrichissement des peuples suit une marche accélérée : « A celui qui a déjà il sera encore donné. »

C'est l'esprit d'économie, créant le capital, qui a fait successivement la puissance de la Hollande, de l'Angleterre et des États-Unis.

C'est la prodigalité mal entendue, détruisant le capital, qui a achevé de ruiner l'Espagne, à partir de Philippe II.

§ 3. L'outil et la machine.

Parmi les objets qui constituent le capital, c'est l'outil et la machine qui rendent surtout le travail productif.

Aristote a dit : « L'homme est un être politique, » c'est-à-dire apte à vivre en société. Adam Smith a dit : « L'homme est le seul être qui échange. » Franklin a dit : « L'homme est un être qui fabrique l'outil; *a tool making animal.* »

De l'association, de l'échange et de l'outil dérive la puissance de l'humanité sur la nature, c'est-à-dire le bien-être et la civilisation.

Est outil « tout ce qui, au delà des dents et des ongles, sert à travailler ».

La machine est un outil mis en mouvement, non plus par les muscles de l'homme, mais par la force de la nature, par un « moteur ». Ainsi qu'on l'a montré, l'histoire du progrès de l'outil est celle du progrès de la civilisation.

L'industrie a eu recours à des moteurs de plus en plus puissants ou mieux appropriés à ses besoins : d'abord les animaux domestiques, puis l'eau, puis le vent, puis la vapeur, puis l'électricité, qui en est à ses débuts.

Les avantages des machines sont nombreux et immenses. Énumérons-les rapidement.

1° Elles mettent au service de l'homme des forces presque illimitées. On estime que la puissance des moteurs à vapeur, dans les pays civilisés, équivaut à celle de 14 millions de chevaux, soit de 280 millions d'esclaves.

En outre, les locomotives, dans le monde, possèdent une force de 20 millions de chevaux, et les navires à vapeur, de près de 4 millions. Le cheval-vapeur valant au moins deux chevaux vivants, voilà 48 millions de chevaux travaillant à transporter hommes et marchandises.

La France possède, en machines fixes, 3 millions de chevaux-vapeur; la Belgique, 1/2 million.

La force de chaque cheval-vapeur équivaut à celle de vingt et un hommes. Il s'ensuit que chaque famille dispose de cinq serviteurs aux muscles de fer, toujours prêts, jamais fatigués, qu'un peu de charbon suffit à alimenter.

Dans l'antiquité, les esclaves broyaient le blé, à la main, dans des mortiers en pierre, ainsi qu'on peut le voir dans l'*Odyssée*. Plus tard, ils faisaient tourner la meule, ainsi que le faisait Plaute.

Vers la fin de la république romaine, le moulin à eau est importé d'Asie. Écoutez comment un poète grec, Antiparos, célèbre la nature travaillant au service de l'humanité, ce prodige d'où sont sortis tous les perfectionnements de la production : « Esclaves, qui faites tourner la meule, épargnez vos mains et dormez en paix. C'est en vain que la voix retentissante du coq annonce le matin; dormez. D'après l'ordre de Cérès, la besogne des jeunes filles est faite par les Naïades, et maintenant celles-ci bondissent, brillantes et légères, sur la roue qui tourne. Vivons de la vie heureuse de nos pères et jouissons sans travailler des bienfaits dont la déesse nous comble. » Ainsi la machine crée ou du loisir, ou plus de biens, si l'on veut employer ce loisir à en produire davantage.

2° Grâce à ces forces immenses, l'humanité exécut ces grands travaux qui sont la merveille de notre temps: tunnels du mont Cenis, du Saint-Gothard, et bientôt du Simplon et des Pyrénées, percement des isthmes de Suez et de Panama, qui changent la constitution des continents et les routes du commerce; dessèchement du lac de Harlem, exploitation des mines à 800 et 900 mètres de profondeur, le télégraphe entourant le globe tout entier d'un réseau de fils où circule la pensée humaine avec la vitesse de la foudre.

3° La machine affranchit l'homme du labeur mécanique. Aristote, prophète comme l'est le génie, a écrit: « Si un outil pouvait pressentir l'ordre de l'artisan et l'exécuter, si la navette courait d'elle-même sur la trame, l'art n'aurait pas besoin d'ouvriers, ni le maître d'esclaves. »

4° La machine multiplie, et parfois énormément, la quantité de produits qu'un même nombre d'ouvriers peut confectionner. Dans une filature de coton, un ouvrier, surveillant cinq cents broches, fait autant d'ouvrage que mille fileuses à la main.

La machine à tricoter fait, dans le même temps, six mille fois plus de mailles qu'une bonne ouvrière.

5° La rapidité de l'exécution de l'ouvrage épargne la main-d'œuvre à proportion, et a pour conséquence le bon marché des objets fabriqués à la machine.

Comme exemple, on peut citer les allumettes chimiques, qui coûtent deux centimes la boîte de cinquante.

Un numéro d'un journal américain, le *New-York*

Herald, contenant la matière de deux volumes de 500 pages in-18°, se vend 25 centimes.

6° La machine exécute le travail avec une régularité parfaite et une précision mathématique. Exemple : la division d'un mètre en millimètres.

7° La machine tire meilleur parti de la matière première. Exemple : la scie mécanique, qui permet de débiter les bois les plus menus.

8° La machine met à la portée de l'ouvrier une multitude de choses agréables ou utiles, réservées jadis exclusivement aux riches. Exemple : les cotons imprimés, naguère objet de luxe.

9° Elle travaille ainsi à mettre plus d'égalité entre les hommes, et elle est, par conséquent, la cause et l'auxiliaire des progrès de la démocratie. Exemple : le livre et le voyage accessibles à tous.

Résumons les bienfaits de la machine en deux mots : elle diminue le pouvoir de l'homme sur l'homme, et elle accroît le pouvoir de l'homme sur la nature.

On peut reprocher à certaines machines d'imposer parfois aux ouvriers un labeur qui les épuise, les exténue ou leur donne des maladies spéciales. Mais, d'autre part, les chambres basses et mal aérées ont fait place aux grands ateliers, où les prescriptions de l'hygiène sont ordinairement observées.

Le devoir des maîtres et, à leur défaut, celui de la loi, est d'obvier aux maux qui peuvent accompagner parfois l'emploi des machines. La science, qui les crée, en fournit les moyens.

§ 4. La machine diminue-t-elle l'emploi
ou le salaire des ouvriers?

Voici les faits constatés en Europe.

Quel est le pays où l'industrie emploie le plus de machines? L'Angleterre.

Quel est le pays où l'industrie emploie le plus d'ouvriers? L'Angleterre.

Quel est le pays où l'industrie emploie le moins de machines? La Russie.

Quel est le pays où l'industrie emploie le moins d'ouvriers? La Russie.

Donc, loin d'en diminuer l'emploi, la machine augmente le nombre des ouvriers.

Voici maintenant l'explication des faits.

Un seigneur entretient sur son domaine cent ouvriers, qui travaillent pour lui. Il invente différentes machines, grâce auxquelles il épargne la moitié de la main-d'œuvre, de sorte que cinquante hommes suffisent désormais pour faire toute la besogne. Laissera-t-il sans emploi les cinquante hommes dont le travail n'est plus nécessaire, et jettera-t-il à l'eau, comme inutiles, les provisions dont ils se nourrissaient? Nullement. Il continuera à les entretenir, en leur faisant confectionner de nouveaux objets à son usage. Le même nombre d'ouvriers sera employé, plus de choses utiles seront produites, et plus de besoins satisfaits.

Le seigneur aurait pu aussi se contenter de ce qui était produit, et réduire de moitié la journée de travail de ses cent serviteurs. Dans ce cas, la machine aurait

servi à créer, non plus d'objets, mais plus de loisir.

Si tous ses besoins rationnels sont déjà satisfaits, la seconde résolution est la plus sage; mais, s'ils ne le sont pas, c'est la première qui prévaudra.

Ce seigneur, c'est le pays consommateur.

En réalité, voici comment les choses se passent. La machine abrège le travail et épargne la main-d'œuvre. L'économie sur la main-d'œuvre fait baisser le prix des objets fabriqués. Le prix de ces objets baissant, ceux qui les consomment ont de l'argent disponible; avec cet argent ils achètent d'autres choses utiles. Alors les ouvriers, privés momentanément d'emploi, par la nouvelle machine, sont réemployés, pour faire ces objets réclamés par une nouvelle demande.

L'emploi des ouvriers restant le même tant que les subsistances ne diminuent pas, leur salaire ne sera pas réduit. Au contraire, ils seront mieux pourvus, car, avec le même salaire, ils pourront acheter plus de ces objets dont la machine aura fait baisser le prix.

§ 5. Comment la machine peut forcer les ouvriers à changer d'occupation.

Si les consommateurs emploient l'argent que leur épargne la machine à acheter plus de la même marchandise qui aura baissé de prix, tous les ouvriers resteront dans cette industrie, car ils seront employés à fabriquer la nouvelle quantité de cette marchandise qui sera demandée; la seule différence sera que les besoins seront plus largement satisfaits.

Mais, si les consommateurs veulent acheter des produits nouveaux, les ouvriers devront entrer dans une industrie nouvelle.

Comme souvent ils ne pourront le faire que lentement, difficilement et parfois point du tout, ils souffriront, et même succomberont. Une crise s'ensuivra pour eux.

La crise sera plus dure si l'industrie nouvelle se fixe dans une autre province, plus dure encore si elle se transporte dans un autre pays.

Mais, la crise passée, le même nombre d'ouvriers sera employé. Seulement un déplacement se sera fait: il y en aura moins d'un côté, et plus de l'autre.

Les Flandres ont souffert d'une crise de ce genre, quand la filature du lin à la mécanique a brisé le rouet dans les mains des fileuses de la campagne, et appelé à Gand d'autres ouvrières dans les fabriques.

Dans ces cas, heureusement rares, le devoir des chefs d'industrie et des pouvoirs publics est de venir en aide aux travailleurs dépossédés de leur emploi, en les éclairant, en facilitant leur déplacement, ou même, s'il le faut, en les secourant, comme on l'a fait en Flandre, en 1847.

La machine nouvelle profite à la société tout entière; il ne faut donc pas que l'ouvrier, qui n'est pas responsable des modifications apportées dans l'industrie, en soit la victime. Il est exproprié de son gagne-pain pour cause d'utilité publique. Au besoin, une indemnité lui est due. La machine, qui a augmenté la production, fournit les moyens de la payer.

§ 6. Comment les machines augmentent l'emploi des ouvriers.

Grâce aux machines, la terre produit plus de denrées ; de nouvelles sources de richesses s'ouvrent, et les travaux se multiplient de tous côtés. Ainsi on emploie plus d'ouvriers, et, en même temps, il y a plus de choses utiles pour les nourrir, les vêtir et pourvoir à leurs autres besoins.

Quelle quantité innombrable d'ouvriers sont occupés maintenant dans les industries que la machine a fait naître, les chemins de fer, les postes, les télégraphes, les bateaux à vapeur, les mines, les grandes manufactures et la construction des machines elles-mêmes !

Voyez l'imprimerie : elle emploie vingt fois plus d'ouvriers qu'il n'y avait jadis de copistes calligraphiant les manuscrits. Les transports exigent cent fois plus de monde qu'autrefois, quand gens et denrées restaient presque tous en place.

Stuart Mill a dit, avec un profond sentiment de regret : « Jusqu'à présent les machines n'ont pas diminué d'une seule heure le travail d'un seul être humain. «

Loin de là : beaucoup plus d'hommes travaillent aujourd'hui et travaillent plus longtemps.

Jadis, à tous la nuit apportait le sommeil, et le dimanche, le repos.

Maintenant que de gens retenus à l'ouvrage, la nuit, sur les voies ferrées, sur les navires, au fond des charbonnages, dans les hauts fourneaux, dans les sucreries, dans les bureaux des administrations, et jusque dans les

laboratoires ou le cabinet du savant, partout où l'opération industrielle ne permet pas d'interruption et où
l'activité de la vie moderne ne supporte pas de retards !

Comme le dit Hamlet : « Quel est le but de cette
hâte dévorante qui fait de la nuit la compagne de travail du jour? » (Acte I, sc. I.)

L'homme est surmené, dévoré par ces infatigables
serviteurs d'acier auxquels il commande, mais qu'il
doi' servir à son tour. Un premier remède à cet excès
serait de conserver, le plus scrupuleusement possible,
au moins un jour, par semaine, de plein repos à ceux
que le travail quotidien occupe sans relâche. Plus tard,
quand les besoins rationnels seront satisfaits, ce qu'il
faudra demander à la machine, c'est, non pas toujours
et toujours plus de produits, mais plus de loisir pour
la véritable vie humaine, qui est, comme l'ont si bien
compris les Grecs, la vie de l'esprit.

CHAPITRE VI.

COMMENT S'ÉTABLIT L'ÉQUILIBRE ENTRE LA PRODUCTION ET LA CONSOMMATION.

Quand on voit tant et de si puissantes machines à l'œuvre, de tous les côtés, on se demande comment cette quantité innombrable et sans cesse croissante d'objets que l'on produit trouvera acheteurs et consommateurs. N'y aura-t-il pas défaut d'écoulement, engorgement?

Les économistes ont répondu : Un engorgement général n'est pas possible, car il est un principe fondamental : *Les produits s'échangent contre des produits.* Si tous ceux qui désirent échanger offrent deux fois plus d'objets, l'échange se fera comme auparavant, l'équation sera maintenue; seulement chacun donnera et recevra deux fois plus. Cependant un engorgement partiel est possible, si l'une ou l'autre industrie augmente beaucoup sa production, sans que ses clients aient l'envie ou la possibilité d'acheter le surplus.

Dans le premier cas dont ils parlent, les économistes ont abusé des formules mathématiques. En supposant

même une augmentation générale et identique de la production, un engorgement pourrait se produire, parce que
la consommation des différents objets ne peut pas s'accroître également. Doublez la fabrication des chapeaux :
il n'est pas probable que vous les vendiez tous.

Ce qui est vrai, c'est que, quand il y a un défaut
d'équilibre entre la production et la consommation,
certaines influences entrent en action qui tendent à
rétablir cet équilibre. Voici comment :

Premier cas. Il se fait trop peu de souliers. Ceux
qui en désirent se les disputeront à prix d'argent. Le
prix s'élèvera, e' _s cordonniers, faisant plus de profit,
feront plus de souliers. L'équilibre se rétablira.

Second cas. Il se fait trop de souliers. Pour vendre
ceux qu'ils ont de trop, les cordonniers en baisseront
les prix. Ceci aura deux conséquences : premièrement,
les prix ayant baissé, le nombre des consommateurs augmentera ; secondement, les cordonniers, en perte, feront
moins de souliers. L'équilibre se rétablira encore.

Ainsi, par les oscillations de la hausse et de la baisse
des prix, un certain équilibre, mais toujours instable,
tend à s'établir vers le point où la production satisfait
à la consommation.

CHAPITRE VII.

CLASSIFICATION DES TRAVAUX UTILES.

La classification ancienne des différentes branches de la production, qui se trouve ordinairement représentée par des figures, dans les monuments publics, est celle-ci : L'Agriculture, l'Industrie et le Commerce.

Dans les Expositions universelles, on suit souvent l'ordre d'achèvement des produits et celui des besoins auxquels ils répondent : Matières premières et denrées alimentaires, construction, ameublements, vêtements, industries artistiques, beaux-arts.

M. Dunoyer[1] a proposé une classification qui repose sur la nature même des travaux. Je l'adopte ici, en la complétant.

I. Travaux qui agissent sur les hommes et qui consistent à rendre des services.

II. Travaux qui agissent sur les choses et qui produisent des utilités matérielles.

1. Charles Dunoyer, né en 1786, mort en 1862. Son principal ouvrage est intitulé *De la liberté du travail*; livre instructif, où il fait parfaitement ressortir l'influence de la liberté sur la productivité du travail.

Ceux-ci se subdivisent ainsi :

1° *Industries extractives*. Elles puisent dans la nature des substances utiles, sans les modifier et sans entretenir le fonds d'où on les tire ; telles sont la cueillette des fruits sauvages, la pêche, la chasse, l'exploitation des forêts vierges, des mines et carrières.

2° *Industrie agricole*. Elle tire aussi du sol des matières utiles, mais elle entretient le fonds productif, et surtout elle met en œuvre cette force organique, la vie, qui multiplie les plantes et les animaux.

3° *Industries manufacturières*. Elles reçoivent les matières recueillies par les deux précédentes espèces de travaux, et elles les façonnent, au moyen des forces physiques et chimiques, de sorte que les objets fabriqués arrivent à satisfaire les divers besoins ; ainsi, avec la laine, elles font du drap, et, avec le lin, de la toile.

4° *Industrie commerciale*. Elle fait venir des marchandises, les réunit, les conserve et les débite pour la plus grande commodité des consommateurs.

5° *Industrie de transport*. Elle transporte les hommes et les choses aux endroits où ils sont le plus utiles.

CHAPITRE VIII.

LES TRAVAUX AGISSANT SUR LES HOMMES.

On a prétendu que ces travaux, ceux du médecin ou du magistrat, par exemple, quoique utiles et même nécessaires, n'étaient pas productifs, parce qu'ils ne produisaient pas des objets matériels, les seuls dont l'économie politique ait à s'occuper.

Une analyse plus attentive aurait montré qu'un travail utile est nécessairement productif; car ici ces deux mots ont presque le même sens. Ceux qui rendent service aux autres, en leur procurant plus de sécurité, plus de santé, plus d'instruction, doivent être considérés comme les associés des travailleurs qui façonnent la matière. Dans l'atelier social, ils produisent indirectement. C'est une application de la division du travail.

Si le cultivateur ne pouvait compter sur les services du garde champêtre, du juge de paix et de l'instituteur, il devrait employer des heures à instruire ses enfants, à garder ses récoltes et à juger des délits et des procès. Grâce au concours des fonctionnaires spéciaux, il peut consacrer tout son temps à la culture. De cette façon, plus de produits sont obtenus, et chaque chose est mieux faite.

Il y a plus. Les travaux qui ont pour résultat d'apporter à la société la sécurité, la justice, la santé et l'instruction sont, de beaucoup, les plus productifs de tous, car, sans eux, l'œuvre de la production languit ou dépérit. Le capital se cache ou ne se forme pas; l'industrie n'ose prendre son essor; le crédit existe à peine; le commerce est timide ou nul : voyez l'Orient.

CHAPITRE IX.

LES TRAVAUX AGISSANT SUR LES CHOSES.

§ 1. Les industries extractives.

Aux temps préhistoriques, de même que chez les populations restées à l'état sauvage, la cueillette des fruits spontanés, la pêche et la chasse fournissent à l'homme tout ce qu'il consomme : les subsistances et la dépouille des animaux dont il se couvre.

Aujourd'hui, en Europe, la cueillette n'est plus qu'un souvenir de l'âge d'or, et la chasse, un plaisir, qui coûte plus qu'il ne rapporte. La pêche seule a conservé quelque importance. Elle livre encore presque partout une quantité notable d'un aliment léger et nutritif. On estime qu'en Norwège elle produit autant que l'agriculture. Elle a joué indirectement un grand rôle dans l'histoire, car elle a donné à la marine de guerre ses meilleurs matelots, et, à cause de cela, elle est l'objet, dans certains pays, d'encouragements parfois excessifs.

Le procédé d'encaquer le hareng, inventé par Willem Beukels, de Biervliet, créa la grande pêche en Hollande, et celle-ci a formé ces gueux de mer qui ont vaincu l'Espagne, et ces marins intrépides qui ont porté le drapeau néerlandais sur toutes les mers.

L'exploitation des mines a pris de nos jours un essor inouï. Les anciens tiraient du sol des métaux précieux, du cuivre, de l'étain et du fer, mais en petite quantité. Maintenant, l'industrie minière est la base de toutes les autres, parce qu'elle fournit le charbon, qui est, comme on l'a dit, « le pain de l'industrie ». On prétend qu'on peut mesurer le degré de civilisation matérielle d'un pays à la quantité de fer qu'il consomme.

Un seul chiffre, emprunté à l'une de ses branches, suffira pour donner une idée de l'importance actuelle de l'industrie des mines. En 1880, il a été produit 343 millions de tonnes de charbon, qui, au prix très bas de 10 francs la tonne, ont valu 3430 millions de francs.

Malheureusement toutes les industries extractives épuisent les sources de leur production, puisqu'elles ne font et ne peuvent presque rien faire pour les entretenir.

La pisciculture peut transformer la pêche en « agriculture de la mer et des fleuves », et, à ce titre, elle mérite toute l'attention de l'État et des particuliers. Mais que feront les hommes quand ils auront brûlé ces couches de combustible qui représentent les forêts accumulées des âges géologiques, et la chaleur du soleil, emmagasinée dans les terrains secondaires?

On estime qu'en Europe le charbon suffira encore pour trois ou quatre siècles. Mais la cherté se fera sentir bien avant l'épuisement total. Déjà, en bien des pays, les minerais de fer, de plomb, de zinc et de cuivre se font rares. Tout ce qui ne peut se renouveler doit finir par s'épuiser.

A qui doivent appartenir les mines, dans l'intérêt de la production?

En Angleterre, les mines appartiennent aux propriétaires de la surface.

En France et en Belgique, la loi de 1810 attribue la propriété des mines à l'État, qui en concède l'exploitation aux particuliers, moyennant redevance et surveillance.

Le système français paraît préférable, parce qu'il évite le morcellement et permet de donner aux concessions l'extension la plus convenable à une exploitation rationnelle.

§ 2. L'agriculture.

Les anciens pensaient, avec raison, qu'aucun travail n'est, en même temps, meilleur pour l'âme et pour le corps, et plus digne d'un homme libre, que l'agriculture. Ainsi que le dit si bien Cicéron : *Omnium rerum ex quibus aliquid acquiritur, nihil est agricultura melius: nihil uberius, nihil dulcius, nihil homine libero dignius.* (*De officiis*, I, 42.)

Ailleurs, Cicéron dit encore que les jouissances de ceux qui cultivent la terre sont presque aussi élevées que celles de la vie du sage. *Voluptates agricolarum mihi ad sapientis vitam proxime videntur accedere.*

Caton l'Ancien a fait ce bel éloge de l'agriculture . *Pius quæstus, stabilissimus, minimèque invidiosus. Minimèque malè cogitantes sunt qui in eo studio occupati sunt.* (*Cato Major*, 15, § 51.) « Sainte poursuite, très stable et sans nulle envie: ceux qui s'occupent de ce travail ne pensent pas à mal ».

Xénophon nous peint, dans le *Ménage rural* d'Ischomachos, la vie heureuse et utile à l'État du propriétaire grec.

Horace ne se lasse pas de vanter la félicité de la vie des champs : *Beatus ille qui... paterna rura bobus exercet suis, solutus omni fœnore*. (Épode II.)

Le type de ces vaillants paysans, qui, de la même main, conduisaient la charrue et maniaient la lance, comme Cincinnatus, a toujours été admiré des Romains, surtout à l'époque de la décadence.

Aujourd'hui, toute l'attention et toutes les faveurs sont pour l'industrie manufacturière. C'est à tort : s'il importe plus de faire des hommes heureux et bien portants, que de produire sans cesse davantage, c'est l'agriculture qui mérite toutes les préférences. Sully aura toujours raison : « Labourage et pâturage sont les deux mamelles de l'État. »

Quesnay[1] et ses disciples, les physiocrates, croyaient que l'agriculture est seule vraiment productive, parce que le travail du cultivateur est le seul qui laisse un excédent dont vivent les autres professions. — Destutt

---

1. François Quesnay, né en 1694, mort en 1774, premier médecin du roi Louis XV. On peut dire que lui et ses disciples, les physiocrates, ont créé la science économique et énoncé plus d'idées justes qu'aucun de leurs contemporains. Quesnay a peu écrit. Ses principaux ouvrages sont : le *Tableau économique* (1758), le *Droit naturel* et *Maximes générales d'un gouvernement économique* d'un royaume agricole. Un de ses disciples, Dupont de Nemours, a recueilli plusieurs de ses écrit sous le titre de *Physiocratie ou constitution naturelle d'un gouvernement le plus avantageux au genre humain*. La physiocratie (de φύσις « nature » et κράτος « gouvernement ») consistait à faire régner dans les sociétés l'ordre naturel. Au dix-huitième siècle, Quesnay et ses

de Tracy prétend, au contraire, qu'une ferme n'est qu'une usine comme une autre.

Les physiocrates ont eu raison dans le point le plus important du débat. Sans doute, quoi qu'ils en aient dit, les autres industries sont productives, car elles augmentent l'utilité des choses, en les rendant propres à notre usage. Mais le cultivateur, outre les forces physiques et chimiques, met en œuvre la force de la vie, et multiplie ainsi les objets utiles. Il sème un grain de blé, et il en récolte vingt; il a, cette année, un couple de moutons; dans quelques années, il en aura un troupeau. L'agriculture est la première des industries, car elle est la base de toutes les autres. Celles-ci ne peuvent augmenter le nombre des personnes qu'elles emploient, que si la culture leur fournit plus de subsistances.

C'est du jour où l'homme confia à la terre un grain de blé, que date la vraie civilisation, car dès ce jour il eut intérêt à vivre en paix avec ses semblables. Tant qu'il a vécu de la chasse ou même du régime pastoral, on devait se disputer le parcours du gibier ou des troupeaux. C'est alors qu'est vrai le mot atroce de Hobbes, *homo homini lupus*. Mais quand il tire sa subsistance

disciples étaient appelés la *Secte des économistes*. Les principaux étaient le marquis de Mirabeau, surnommé l'Ami des Hommes, l'abbé Beaudeau, Le Trosne, Le Mercier de la Rivière, l'abbé Morellet, Dupont de Nemours et le plus illustre de tous, Turgot. « En résumé, dit leur éditeur, M. Daire, Quesnay et l'école physiocratique firent l'étude de l'utile, considérèrent les hommes vivant en société, surtout comme consommateurs et producteurs, et firent ressortir de cette conclusion que les idées de droit, de paix et de fraternité entre les hommes ne reposent pas uniquement sur le dogme de la vie future, mais sur l'observation des lois naturelles qu'on peut profitablement observer et qu'on ne viole pas impunément sur cette terre. »

du sol, en y enfouissant, pour ainsi dire, ses sueurs, il doit désirer que la violence fasse place à la justice, afin de pouvoir recueillir sûrement les fruits de son labeur.

§ 3. Les progrès de l'agriculture.

La domestication des animaux a précédé l'agriculture. Ce fut un grand progrès pour l'homme primitif : son repas ne dépendait plus du hasard d'un coup de javelot ; il l'avait toujours sous la main.

Le régime pastoral a persisté dans certaines contrées qui s'y prêtent, comme l'Arabie et la Tartarie. Il est encore aujourd'hui le plus avantageux dans les pays où, au début, la population est très rare et les pâturages très étendus, comme en Australie, au Natal et dans les pampas de la Plata.

Le progrès agricole a consisté à obtenir d'une même étendue, de plus en plus de produits, par l'application de procédés plus rationnels et de plus de capital. *D'extensive* la culture est devenue *intensive*. Cette vérité a déjà été parfaitement exprimée par un agronome latin du quatrième siècle, Palladius, qui a résumé les travaux de ses trois illustres prédécesseurs, Caton, Varron et Columelle. Palladius, dit : *Fecundior est culta exiguitas, quam magnitudo neglecta.* « Un petit champ bien cultivé produit plus qu'un grand champ négligé. »

Au début, la culture est intermittente et parfois même nomade. La surface du sol est brûlée, et, dans les cendres, une récolte est obtenue ; puis il faut attendre dix-huit ou vingt ans, que la végétation spontanée ait restitué au sol ses éléments de fertilité.

Plus tard, à côté de grands espaces conservés en pâturage, le sol arable reste en jachère une année sur deux, ce qui est la rotation biennale, ou une année sur trois, ce qui constitue la rotation triennale.

Plus tard encore, la terre ne se repose plus : en alternant les céréales avec les fourrages et les racines, on lui fait produire une récolte tous les ans.

Enfin, en augmentant sans cesse la dose des engrais, on peut obtenir, par les « récoltes dérobées », deux produits en une année.

En agriculture, le principe fondamental est de restituer au sol tout ce qu'on lui emprunte, et même d'y apporter de nouvelles matières fertilisantes, la chaux, la marne, le guano du Pérou, les phosphates, la boue des fossés, et surtout les vidanges des villes.

La culture spoliatrice, *Raubcultur*, comme l'a si bien nommée le grand chimiste Liebig, stérilise les régions les plus fécondes, telles que l'étaient les greniers de l'ancienne Rome, la Sicile et l'Algérie.

Les formes de la propriété ont suivi une évolution parallèle à celle de la culture. De collective et communale, à l'origine, elle est devenue plus tard « familiale », et enfin toute individuelle aujourd'hui.

En Belgique, les différentes régions agricoles présentent encore le tableau des étapes successives du progrès agricole, et les procédés d'exploitation les plus primitifs se rencontrent sur les terrains géologiquement les plus anciens et les plus élevés.

Sur les plateaux de l'Ardenne, premiers schistes émergés de la mer primitive, les terres collectives de la commune sont essartées par le feu, tous les quinze ou vingt ans. Le sol du Condroz, reposant sur le calcaire ou sur des schistes plus récents que ceux de l'Ardenne, est soumis au régime triennal. Sur le limon hesbayen domine le système alterne; enfin, sur les sables modernes, admirablement fertilisés, des Flandres, on trouve les cultures industrielles fortement intensives et les récoltes dérobées.

En s'élevant, d'étage en étage, des bords de la mer jusqu'au Luxembourg, on remonte, en même temps. l'échelle des altitudes, les périodes agricoles et les temps géologiques.

§ 4. La grande et la petite culture.

On discute souvent pour savoir si l'on doit préférer la grande ou la petite culture? On peut appeler grande culture celle qui met en valeur plus de 40 hectares, et petite culture celle qui est inférieure à 10 hectares.

S'il est surtout avantageux à un pays d'être peuplé par une race vigoureuse de paysans fiers et libres, comme ceux de Rome, au premier temps de la république, ou comme ceux de la Suisse, de la France et de la Norvège, aujourd'hui, la petite culture, unie à la petite propriété, l'emporte de beaucoup. On peut ajouter que, sauf en Angleterre, la petite culture donne plus de produit brut et même plus de produit net. Pour s'en convaincre, il suffit de comparer les deux régions dans les différents pays de notre continent : en Italie, les petits *poderi* de la Toscane aux *latifundia* des États romains et de la Sicile; en Espagne, les plaines nues de la Castille aux environs de Barcelone ou de Valence : en Portugal, les étendues vides de l'Alemtejo aux *afora-*

mentos si riants des provinces du Nord; en France, les départements du centre à ceux du Nord; en Prusse, les provinces de l'Est à celles du Rhin, et en Belgique, la Flandre au Condroz.

En Angleterre, la grande culture et la grande propriété ont tué cette classe de petits propriétaires libres et braves, les *Yeomen*, qui ont vaincu à Poitiers, à Crécy et à Azincourt.

Le tableau suivant montre combien la population rurale est rare en Angleterre.

RÉPARTITION DE LA POPULATION ENTRE LES DIFFÉRENTES OCCUPATIONS.

	AGRICULTURE.	INDUSTRIE.	COMMERCE.
Angleterre.	26	43	15
France.	53	26	11
Prusse.	54	30	6
États-Unis.	48	21	9
Belgique.	51	30	7

N'oublions pas ce cri de douleur de Pline, qui retentit, dans l'histoire économique, comme un avertissement : LATIFUNDIA PERDIDERE ITALIAM ET PROVINCIAS, « *Les grandes propriétés ont perdu l'Italie et les provinces* ». Partout la grande propriété a produit l'inégalité excessive, la dépopulation, la lutte des classes et la décadence. Les pays peuplés de petits propriétaires ont résisté à toutes les crises.

Le cultivateur propriétaire, qui vit sur son champ du fruit de son travail, et qui n'a à payer ni rente ni salaire, peut braver, sans crainte, la concurrence étrangère et les variations des prix.

§ 5. L'industrie manufacturière.

L'industrie manufacturière reçoit, des industries ex-tractives et agricoles, les matières premières, et leur donne la forme dernière que réclame la consommation.

Aux époques primitives, le travail manufacturier est intimement uni au travail agricole. Dans la demeure du Grec ou du Romain, qui vit du produit de ses champs, les femmes filent la laine et confectionnent les vêtements. Nous retrouvons la même organisation du travail dans les villas de Charlemagne, et il en est encore ainsi aujourd'hui dans l'Inde, en Russie et chez les Slaves du Danube.

La division du travail fait apparaître l'artisan spé-cial, quand la facilité des communications le permet. L'industrie peut alors déjà prendre un grand essor, comme on l'a vu, dans l'antiquité, en Phénicie et en Égypte, et, au moyen âge, dans les républiques ita-liennes et dans les communes flamandes. Cependant elle conserve encore le caractère « familial »; elle ne cesse pas d'être de la petite industrie.

La grande industrie naît avec l'emploi des moteurs mécaniques.

Quel contraste entre ces deux formes de la produc-tion! Même quand les tisserands de Bruges ou de Flo-rence envoyaient leurs draps sur tous les marchés de l'Europe, le travail s'exécutait au foyer domestique, ainsi qu'on le voit dans les vignettes des manuscrits : les enfants nettoient la laine, la femme la file et le mari bat le métier, aidé de quelques compagnons.

Le capital employé est petit; le groupe ouvrier est restreint. L'égalité règne entre le chef d'industrie et ceux qu'il emploie : mêmes travaux, même genre de vie, même culture intellectuelle. Le débouché est connu et assuré.

Aujourd'hui, un capital considérable réunit dans un vaste atelier, autour du moteur qui donne la force, toute une foule d'ouvriers, éloignés de leur foyer, travaillant pour des débouchés qui tantôt s'étendent et tantôt se resserrent ou se ferment. Le chef de cette armée industrielle est riche ou largement rétribué, parce qu'il lui faut des aptitudes diverses et rares : art du commandement, instruction technique, connaissance des marchés, esprit d'ordre en administration et surtout bon sens en affaires.

La manière de vivre et la culture de l'esprit ont ainsi ouvert une grande distance entre celui qui fournit le capital et ceux qui louent leurs bras. De là résulte ce que l'on appelle le « conflit du travail et du capital », et la physionomie toute nouvelle de l'état économique actuel. Même dans nos pays industriels d'Occident, la petite industrie emploie encore plus d'ouvriers que la grande. Ainsi, en France, le recensement de 1872 en comptait 950 000 pour la première et 909 000 pour la seconde. Mais il est certain que partout la grande industrie gagne du terrain. Elle envahit même celui qui semblait réservé au travail sur commande, par exemple, la confection des habits et des chaussures.

Ce fait s'explique par les avantages dont elle jouit et qui sont les suivants :

1° Application sur une large échelle de la division du travail. Un homme d'aptitudes spéciales est chargé de chaque service; ainsi, dans un grand chemin de fer, on aura des « spécialités » pour l'entretien de la ligne, pour le matériel, pour la traction, pour le combustible, pour le tarif, pour la partie commerciale et pour le contentieux.

2° Diminution relative des frais généraux. Parmi les frais de production il en est qui résultent de la constitution même de l'entreprise et qui sont presque invariables, comme la patente ; il en est d'autres qui varient en proportion de l'activité de la production, comme le combustible dans une machine à vapeur. Les premiers sont appelés « frais généraux ou fixes », les seconds « frais variables ou proportionnels ». Il résulte de la définition même que les premiers doivent diminuer relativement, à mesure que l'entreprise produit davantage.

3° Pour un même produit il faut un capital moindre. Un haut fourneau produisant, par an, 10 000 tonnes de fonte coûtera moins que deux hauts fourneaux produisant 5 000 tonnes chacun.

4° Emploi de machines exceptionnellement puissantes, qui assurent parfois un monopole, comme le fameux marteau-pilon de Krupp, qui a coûté 5 millions.

5° Achat des matières premières sur une grande échelle, et par conséquent plus avantageux, et meilleur parti tiré des résidus.

6° Plus de moyens de chercher des débouchés: agences et voyageurs à l'étranger, firme connue partout, etc.

7° Accessoires apportant des économies, ainsi un raccordement au réseau des chemins de fer.

8° Les frais de modèle diminuant à mesure que la

production s'étend. Pour un journal tiré à 50 000 exemplaires, la dépense de la composition, par exemplaire, est insignifiante.

Les inconvénients de la grande industrie sont les suivants :

1° Elle enlève l'ouvrier à la vie de famille. Le mal est grave quand la femme est également employée.

2° Elle diminue l'action de l'intérêt personnel et l'efficacité de ce qu'on appelle l'œil du maître.

3° Travaillant pour un débouché inconnu et très variable, elle est exposée à des crises fréquentes.

4° Elle agglomère les ouvriers dans certaines localités, qui deviennent malsaines. La construction de maisons ouvrières obvie à ce dernier mal.

§ 6. Conditions qu'exige le développement de la grande industrie.

La grande industrie ne peut se développer que quand certaines conditions se trouvent réunies :

1° Des moyens de transport peu onéreux, — la mer, les canaux ou les chemins de fer, — pour apporter la masse des matières premières et emporter la masse des produits fabriqués.

2° Une bonne organisation politique civile et judiciaire, afin de donner la sécurité indispensable à l'emploi de grands capitaux.

3° Un personnel capable, surtout pour la direction. Le succès d'une entreprise dépend principalement des aptitudes de celui qui la dirige.

Ce sont souvent des étrangers qui apportent dans un

pays une industrie nouvelle; ainsi les Anglais ont fait presque partout les premiers chemins de fer. Il ne faut pas en être jaloux, puisqu'ils viennent ouvrir de nouvelles sources de richesses. Mais le premier soin d'un gouvernement doit être de créer des institutions où puissent se former de bons chefs d'industrie.

§ 7. L'industrie des transports.

L'industrie des transports contribue à la production de la richesse en portant les choses aux lieux où l'on en a le plus besoin et où partant elles seront le plus utiles. Elle est ainsi l'auxiliaire et l'instrument du commerce.

Elle crée même parfois entièrement la valeur de certaines denrées qui, sans emploi en certains endroits, acquièrent, lorsqu'elles sont transportées ailleurs, une utilité très grande. Elle agit alors comme l'industrie extractive, qui tire des minerais du sein de la terre où ils ne servaient à rien.

En transportant les hommes et les choses, elle dissémine partout les bienfaits des découvertes nouvelles, multiplie les relations des peuples, entremêle et confond leurs intérêts, adoucit ou détruit leurs antipathies, et fait enfin que leur fraternité et leur solidarité cessent d'être un mot ou un rêve. Elle est ainsi dans le monde entier un puissant agent de civilisation.

Quel progrès accompli dans les moyens de transport! La force d'un cheval transporte, sur un sentier et à dos, 100 kilos au plus; sur une route empierrée et par axe, 2000 kilos; sur les rails d'un chemin de fer, 10 000 kilos; sur un canal ou par mer, 100 000 kilos; enfin, sur l'eau, par la rivière, ce « chemin qui marche », comme dit Pascal, n'importe quelle masse, les trains de bois flottés, par exemple.

Les Romains ont, les premiers, su construire d'admirables voies, dont les grandes dalles polygonales, posées sur du béton, se voient encore, en place, aux environs de Rome. Ces routes stratégiques rapprochant, du centre de l'empire, les provinces les plus éloignées, ont servi au commerce et fait pénétrer partout la civilisation romaine.

Les avantages des voies de communication améliorées sont nombreux.

1° En diminuant les frais de transport, elles font vendre aux producteurs leurs denrées plus cher et leur permettent d'acheter à meilleur marché ce qu'ils font venir pour leur usage. Il en résulte une plus-value des fonds productifs : terres, forêts, mines et carrières, et un accroissement incalculable de la richesse nationale.

2° Les marchandises étant amenées en plus grande quantité sur les marchés, les consommateurs les obtiennent à meilleur compte.

3° Hausse des prix au lieu d'origine; baisse des prix au lieu de consommation : nivellement des prix.

4° Accroissement des grandes villes, surtout des capitales. L'attrait qu'elles exercent sur ceux qui cherchent des occupations, de l'instruction, du plaisir, l'incognito ou la société, n'est plus contre-balancé par la cherté de la vie.

Quand cet accroissement des villes est favorisé par l'excès de la centralisation politique et administrative, c'est un grand mal.

§ 8. Les pouvoirs publics doivent-ils construire des routes et faire des transports ?

L'Etat, la province, la commune doivent-ils construire des voies de communication, ports, canaux et chemins de fer ?

Si les particuliers s'en chargent, tant mieux. Mais s'ils ne font rien ou pas assez, c'est aux pouvoirs publics à agir.

Deux motifs sont décisifs :

Premièrement, après l'instruction publique, il n'est point de cause de progrès plus puissante que le perfectionnement des moyens de communication.

Secondement, comme la nation profite de l'accroissement des impôts et de celui de la valeur de tous les fonds productifs, il s'ensuit que la construction des voies ferrées ou autres, qui même ne rapportent rien directement, est cependant un emploi très avantageux des revenus publics. On peut le démontrer, en faisant un compte rigoureux, par doit et avoir. Au passif, portez les frais de construction; à l'actif, la plus-value des terres, des forêts, des mines, des carrières, les industries nouvelles qui naissent et l'agriculture qui se perfectionne, et l'actif l'emportera incomparablement.

Mais l'État peut-il aussi se charger de l'exploitation des chemins de fer?

Question très discutée et très complexe. A mon avis, l'économiste devrait répondre : oui, et le politique : non. On pourrait peut-être les satisfaire tous les deux, en concentrant tout le réseau entre les mains de l'État, sauf à confier son exploitation à une compagnie agissant sous le contrôle du gouvernement.

§ 9. Le commerce.

En cette manière simple et claire que lui avait enseignée Socrate, Xénophon explique la raison et les avantages du commerce. « Aucune ville, dit-il, ne possède à la fois du bois et du lin, car où le lin abonde, le pays est plat et sans bois. Un pays a une chose, un autre pays telle autre. Il s'ensuit que tout État a besoin d'exporter et d'importer. Le commerce enrichit la cité, car il remplace par des choses utiles des objets qui, trop abondants, n'avaient que peu de valeur. »

Comme l'a dit Montesquieu : « L'appât naturel du commerce est de porter à la paix. » En effet, comment faire du mal à l'ennemi, sans risque de ruiner un débiteur ou de tuer un client?

Le commerce applique entre nations le principe si fécond de la division du travail.

C'est ce qu'un Président des États-Unis, Garfield, exprimait parfaitement : « Le commerce fait de tous les hommes une famille de frères, où le bien-être des uns dépend de celui des autres. Il crée ainsi cette unité de notre race qui fait que les ressources de tous deviennent la propriété de chacun. »

La maxime du commerçant est d'acheter à bon marché et de vendre cher. Stimulé par son intérêt personnel, sans cesse il fait venir des objets des lieux où ils surabondent, et où par conséquent ils sont à bas prix, pour les vendre aux lieux où ils sont rares et par conséquent cher, et ainsi il sert l'intérêt général.

Le commerçant au détail choisit les marchandises avec discernement, les achète aux meilleures conditions, les classe par assortiments, les conserve et les vend en petites quantités, de façon à répondre aux ressources et aux besoins des consommateurs.

Peut-on se passer de ces intermédiaires, en s'adressant directement aux fabricants, rien de mieux. Mais, tant qu'ils subsistent, ils rendent de véritables services.

CHAPITRE X.

LES COLONIES.

Quand on parle du commerce, il faut dire un mot des colonies, car on s'imagine, — grande erreur aujourd'hui, — qu'un État doit en posséder pour avoir un commerce florissant et une grande marine.

Tyr et plus tard Carthage, cités de commerçants, ont établi des comptoirs pour faire le commerce, et ces comptoirs sont devenus des colonies et des villes prospères.

Les cités grecques ont fondé des colonies pour se débarrasser des excédents de population que le travail manuel, accaparé par les esclaves, ne pouvait occuper.

Quoique la population diminuât en Italie, Rome a fondé des colonies, en établissant des vétérans et des prolétaires sur des terres enlevées aux vaincus. Son but était de « romaniser » les provinces et d'y enraciner sa domination : elle a réussi.

Dans les temps modernes, les Espagnols et les Portugais ont fondé des colonies pour se procurer ce qu'on croyait la première des richesses : les métaux précieux. Puis les Hollandais et les Anglais ont fait de même, mais pour développer leur commerce et pour s'emparer de la vente de certaines denrées très recherchées en Europe.

Peu à peu, de l'accumulation d'une masse de règlements restrictifs naquit le « système colonial ». Il reposait sur deux monopoles.

La mère patrie se réservait le droit exclusif d'acheter les produits des colonies et de les vendre en Europe. Elle comptait ainsi, à défaut de concurrents, les acheter à bon marché et les vendre cher : premier monopole.

Elle se réservait aussi le droit exclusif de vendre dans ses colonies ses produits fabriqués, comptant encore une fois, faute de concurrents, en obtenir un prix très élevé : second monopole.

Ces espérances ont été déçues : la violation de la liberté n'a produit, comme toujours, que des fruits amers. D'une part, accablées sous un si grand nombre d'entraves, les colonies sont restées pauvres et ont peu acheté. D'autre part, les habitants de la métropole ont payé cher les produits de leurs colonies, que le libre commerce leur aurait apportés, d'ailleurs, à meilleur compte : impôt déguisé et qui dépassait de beaucoup le maigre profit.

Ajoutez à cela la cruelle exploitation des Indiens, l'esclavage des noirs, la quantité effroyable d'argent et de sang qu'a coûté leur affranchissement, dans les colonies de la France, de l'Angleterre et récemment aux États-Unis, l'anéantissement de l'antique civilisation du Pérou et du Mexique, et les dépenses ruineuses de l'administration des armées et des flottes, enfin plus d'un demi-siècle de guerres barbares entre les États européens à l'occasion des colonies, et l'on se convaincra que la somme des maux l'emporte de beaucoup sur celle des avantages.

Sans doute, la découverte de l'Amérique et le commerce avec l'Asie ont élargi le domaine du genre humain et lui ont procuré la jouissance d'un grand nombre de denrées utiles ou agréables. Mais le commerce aurait apporté ces mêmes biens au monde, sans les lui faire payer si cruellement.

Aujourd'hui, il n'est pas une colonie qui ne coûte aux habitants de la métropole plus qu'elle ne leur rapporte.

Peut-on rêver une plus magnifique possession que l'Inde? Un immense empire peuplé de 300 millions d'hommes laborieux et soumis, et, sur les étages qui descendent, en pente douce, des sommets de l'Himalaya jusqu'à la mer, produisant tout, parce que tous les climats et tous les terrains s'y succèdent, empire qui est le théâtre d'une des antiques civilisations du globe. Et cependant faites le compte : un déficit annuel et permanent, des inquiétudes continuelles, et, ce qui est pire, des rivalités sourdes ou des guerres coûteuses avec l'un ou l'autre État européen, et toute la politique extérieure dominée par ce seul intérêt. Les économistes anglais ont dressé la balance : elle ne se solde pas en leur faveur. Les cadets des familles aisées sont employés par le Trésor indien, mais, en réalité c'est le peuple anglais qui les paye. La couronne d'impératrice que la reine d'Angleterre a récemment posée sur son front a coûté et coûtera encore bien des milliards à ses sujets.

La possession des colonies est pour les États modernes un anachronisme. Si l'on conteste cette affirmation, j'en dirai les motifs.

Parmi les colonies actuelles il en est de trois sortes. Les unes sont des pays où les émigrants de la métropole peuvent vivre, travailler et se perpétuer, comme l'Australie, le Canada ou l'Afrique australe. Les secondes sont des postes militaires et des points de ravitaillement, comme Gibraltar, Malte, Aden, Singapore, Hong-Kong. Enfin les troisièmes sont des régions tropicales, habitées par des races faites pour ce climat, comme l'Inde et Java.

Je ne parlerai que des dernières. Les premières s'émanciperont bientôt, comme la Nouvelle-Angleterre, devenue les États-Unis, et quant aux secondes, ce ne sont que de puissants bâtiments de guerre parsemés sur la surface des océans, afin de protéger le commerce.

Pour gouverner les colonies, il faut cet esprit de suite et d'autorité qu'on peut attendre du pouvoir absolu, mais non de ministères parlementaires, qui changent à chaque moment, apportant au gouvernement des vues différentes et souvent opposées.

Un parlement élu pour régler les affaires du pays n'a ni la capacité ni le goût de s'occuper de celles des colonies.

En Angleterre, quand on discute le budget de l'Inde, au Parlement, il ne reste pas cinquante membres dans la chambre des délibérations.

Les affaires des colonies venant compliquer celles du pays même, déjà assez délicates, augmentent encore les difficultés et l'instabilité du régime parlementaire. Comme exemple on peut citer la Hollande.

Les blancs, qui ne peuvent travailler sous les tropiques, vivent nécessairement du tribut prélevé sur le travail des indigènes. Ce système était considéré autrefois comme naturel ; mais attaqué aujourd'hui par ceux qui défendent les droits de l'humanité, il ne peut durer.

L'égalité des différentes races étant acceptée comme un dogme. des droits égaux sont réclamés pour les indigèn·s Mais comment les accorder et maintenir, en même temps, leur sujétion ?

Quel essor imprimé à l'instruction et à la civilisation tout entière, si l'on y consacrait l'argent dévoré dans l'entretien des forces de terre et de mer et dans les guerres de frontières qu'imposent les colonies !

Le plus grand mal est que la possession des colonies multiplie, entre les peuples, les points de contact et les causes de conflit. Voyez les différends qui s'élèvent, à tout moment, entre l'Angleterre et les États-Unis.

Dans l'état actuel du monde, la paix est un bien si inestimable, que toutes les colonies, passées et présentes, ne valent pas une seule année de guerre.

La plus grande puissance coloniale qui ait jamais existé, l'Angleterre, le comprend. Elle cède à la Grèce les îles Ioniennes, exemple de sagesse qu'on ne peut assez admirer ; elle gémit sur l'acquisition de Chypre ; elle fait le compte de ce que lui coûte la possession de l'Inde ; et elle prépare l'émancipation complète de l'Australie, du Canada et du Cap.

Si un pays a de l'argent à n'en savoir que faire, qu'il colonise ses landes incultes, en France, la Sologne ; en Italie, la Calabre ; en Belgique, la Campine.

Les États qui n'ont pas de colonies peuvent s'en consoler, et ceux qui en ont doivent s'apprêter à les perdre, et cette perte sera encore un gain.

CHAPITRE XI.

A la grande industrie il faut de grands capitaux. Qui les fournira? Autrefois le chef d'industrie apportait tout le capital nécessaire, soit qu'il lui appartînt en entier, soit qu'il fût en partie emprunté.

Aujourd'hui, ce capital est ordinairement formé p' l'association des capitaux d'un grand nombre de pers nes. De cette façon, le risque est fractionné. Chacun n'expose qu'une partie minime de son avoir, se souvenant de cet utile proverbe : *Il ne faut pas mettre tous ses œufs dans le même panier.*

Le câble du télégraphe transatlantique devait coûter 50 millions, et les savants affirmaient que l'étincelle électrique ne franchirait pas l'Océan. M. de Rothschild lui-même n'aurait pas voulu hasarder la somme entière. Elle fut divisée en parts. Le risque divisé n'effraya plus. Des milliers de personnes souscrivirent. Le câble électrique réussit, et aujourd'hui, à travers les mers, il réunit tous les continents.

C'est ainsi qu'une combinaison financière, l'association des capitaux, est venue à point pour permetttro à la science de réaliser ses merveilles. C'est grâce à elle que les isthmes sont coupés, les montagnes percées, et tous les pays successivement dotés de chemins de fer, d'usines, de banques, de toutes les entreprises destinées à mettre en valeur les dons de la nature.

Les associations de capitaux ont pris des formes déterminées : ce sont les sociétés commerciales. La législation des pays civilisés en connaît cinq espèces distinctes :

1° *La Société en nom collectif* ne repose sur aucune fiction légale. Les associés ont tous un certain droit d'administration. Ils se partagent les bénéfices en proportion de leurs apports, mais ils sont indéfiniment responsables des dettes. Cette forme d'association ne convient qu'aux entreprises qui offrent peu de risques. Elle était déjà connue des Romains. Tite-Live rapporte que les vivres de l'armée de Scipion combattant les Carthaginois, en Espagne, furent fournis par une société. Le jurisconsulte Ulpien parle de sociétés de banque (*societates argentariæ*).

2° *La Société en commandite*. Parmi les associés, les uns gèrent et sont indéfiniment responsables : ce sont les commandités. Les autres fournissent le capital, ne gèrent pas, mais n'exposent que leurs mises de fonds, s'ils ont soin de s'abstenir de tout acte de gestion : ce sont les commanditaires. Cette forme de société convient pour fournir à une personne douée d'aptitudes particulières, à un inventeur, par exemple, les fonds indispensables pour tirer parti de ses qualités exceptionnelles ou de son invention. Elle est née au moyen âge, dans les républiques italiennes, pour échapper à la loi canonique qui condamnait, sous le nom d'usure, toute rémunération fixe d'un prêt d'argent. Les possesseurs de capitaux les confiaient aux commerçants, en stipulant le payement d'une part des bénéfices, au lieu d'un intérêt fixe.

3° *La Société anonyme*, appelée ainsi parce qu'elle ne porte le nom d'aucun associé. Ici, nul, pas même le gérant ou le directeur, n'est responsable au delà de sa mise, à condition que les statuts soient respectés. Cette société ressemble à une république. Tous les pouvoirs émanent du corps des actionnaires. Ceux-ci nomment, dans les assemblées générales, le chef du pouvoir exécutif, qui est le directeur, et le sénat, qui est le conseil des administrateurs.

Maintenant, la société anonyme, née aux Pays-Bas, au dix-septième siècle, peut se constituer librement, en se conformant aux prescriptions de la loi.

4° *La Société à responsabilité limitée*. Elle ressemble la précédente, sauf que pour la constituer il ne faut pas d'autorisation préalable : il suffit de se conformer aux prescriptions imposées par la loi.

Les apports des associés, dans les différentes formes de sociétés, peuvent être et sont ordinairement représentés par des titres appelés *actions*.

5° *Les Sociétés coopératives* ont cela de particulier que le nombre des associés est variable, ainsi que leurs apports. Elles ont pour but d'associer les ouvriers et les artisans. La souscription, ordinairement minime, peut se verser successivement, à mesure que de petites économies faites le permettent. La réunion de ces minimes épargnes, impuissantes si elles restent isolées, peut constituer un capital assez considérable pour faire obtenir du crédit ou pour faire les fonds d'une entreprise industrielle.

La multiplication des sociétés anonymes est inouïe. Il en naît chaque jour de toutes parts et pour tout. Toutes les entreprises nouvelles et la plupart des anciennes se constituent sous cette forme. C'est une véritable transformation du mode de posséder. Voici les causes de cet étonnant succès. La première est celle que nous avons indiquée déjà, la facilité de former un grand capital, par le groupement des petits capitaux et le partage des risques. La seconde est que la société anonyme place les plus capables à la direction des affaires : le directeur, au lieu d'être appelé par les hasards de l'hérédité, est choisi, par voie d'élection, parmi les plus aptes à bien gérer. La troisième est qu'elle donne à la propriété industrielle la forme démocratique que réclame notre époque. Tandis que le partage égal des successions, opéré par notre Code et plus encore par nos mœurs, multiplie sans cesse le nombre de ceux qui obtiennent leur part de la propriété foncière, la propriété manufacturière, par suite des progrès de la grande industrie, tend à se concentrer en immenses entreprises, dépossédant les petits ateliers de l'artisan.

La féodalité, bannie de la possession du sol, se reconstituerait ainsi dans l'industrie. Mais la société anonyme divisant et morcelant, pour ainsi dire, le titre de propriété des grandes entreprises, en un très grand nombre d'actions d'un minime capital chacune, permet à tous, même aux ouvriers, d'y avoir une part.

La propriété étant le complément nécessaire de la liberté, le but de la civilisation doit être de rendre tout père de famille propriétaire de l'instrument de son travail : le cultivateur, de son champ, et l'ouvrier, de son outil, ou d'une part de l'outil, quand celui-ci s'est transformé en machine colossale. Que le travailleur achète une action de la société industrielle qui l'emploie, et le problème est résolu.

Le conflit entre le capital et le travail cesse, car capitaliste et travailleur ne font plus qu'un.

Par une de ces harmonies fréquentes et naturelles entre les changements introduits dans les modes de produire et les modes de posséder, la société anonyme se généralise au moment où la grande industrie se développe. Elle crée la petite propriété industrielle, en même temps que le partage égal des successions crée la petite propriété foncière.

Elle favorise ainsi la répartition de plus en plus démocratique de la propriété.

LIVRE III.
LA RÉPARTITION ET LA CIRCULATION.

—

PREMIÈRE PARTIE.

LA RÉPARTITION.

—

CHAPITRE I.

LA RÉPARTITION : RENTE, SALAIRE, INTÉRÊT.

Trois facteurs contribuent à la production des biens : la nature, le travail et le capital. Chacun doit avoir, comme rémunération, une part, du produit, et il serait juste que cette part fût en proportion du concours apporté par chacun à l'œuvre commune.

La part des agents naturels est la rente.

La part du travail est le salaire.

La part du capital est l'intérêt.

Le fonctionnaire touche des appointements ; le médecin et l'avocat, des honoraires ; le chef d'industrie, des profits : appointements, honoraires, profits, autant de formes du salaire rémunérant des services.

Quand chacun a obtenu la part qui lui revient, il peut faire des échanges, et les échanges constituent la circulation de la richesse. La répartition précède donc la circulation.

CHAPITRE II.

Dans les sociétés primitives, comme jadis, avant Rome, chez les tribus italiques, et aujourd'hui en Norwège, ou chez les Slaves du Danube, chaque père de famille cultivant son propre héritage et façonnant ce qu'il consomme, il n'y a pas lieu à répartition, car le travail, le capital et le fonds naturel se trouvent réunis. La rémunération est toujours équitable, car chacun récolte ce qu'il a semé. L'activité est naturellement récompensée et l'oisiveté punie.

Mais, quand les trois facteurs sont aux mains de personnes différentes, et que, de plus, en raison de la division du travail, chacun n'obtient ce qu'il consomme que par l'échange, la répartition n'est plus aussi facile, ni aussi strictement proportionnée au concours apporté par chacun. Elle s'opère par les soins du chef d'industrie, qui donne à chaque « facteur de la production » ce que la concurrence l'oblige à lui accorder, et qui garde pour lui le surplus, comme profit.

Voici un fermier : il paye à son propriétaire le fermage, c'est la rente ; à ses domestiques, leurs gages, c'est le salaire; et au banquier qui lui a prêté de l'argent, l'intérêt; ce qui reste, tout payé, est son bénéfice, son profit.

Le froment arrive chez le meunier : celui-ci, pour rétribuer le travail de la mouture, opère à son tour une répartition semblable. Le boulanger, en transformant la farine en pain, agit de même; et enfin, le consommateur qui achète le pain paye de quoi restituer les avances que le cultivateur, le meunier et le boulanger ont faites pour rétribuer, chacun à son tour, le concours des trois facteurs.

Si le chef d'industrie possède soit le fonds naturel, soit le capital, il se paye à lui-même ou se porte en compte soit la rente, soit l'intérêt.

CHAPITRE III.

DES PRINCIPES QUI DÉTERMINENT LA RÉPARTITION.

La répartition est déterminée, d'abord, par des institutions civiles réglant l'état des personnes, l'acquisition des biens et la succession ; en second lieu, et sous l'empire de ces institutions, par l'autorité, par la coutume ou par les conventions libres obéissant à la concurrence.

L'influence des institutions civiles est évidente. Si la terre, les grandes usines et les chemins de fer appartiennent au souverain, comme en Égypte ; si le sol de chaque commune est la propriété collective de toutes les familles du village, comme dans la Grande-Russie ; ou si les aînés, dans chaque famille, héritent de tous les biens fonciers, comme en Angleterre, la répartition sera très différente de ce qu'elle est dans un pays où les héritages se partagent également, comme en France et en Belgique.

Sous l'empire des institutions, la part de l'un ou de l'autre des facteurs de la production peut être réglée par la coutume, comme les honoraires de l'avocat et du médecin ; par l'autorité, comme le traitement des fonctionnaires, ou par la convention et la concurrence, comme les salaires et le fermage.

Autrefois, la répartition était, en très grande partie, réglée par la coutume et l'autorité ; ainsi, dans l'Égypte et dans l'Inde anciennes, de même que dans nos pays occidentaux au moyen âge, le salaire, les prestations en nature et le fermage étaient fixés par l'usage et la tradition. Le métayage, qui partage les produits par moitié, entre propriétaire et tenancier, n'a pas changé depuis l'antiquité. Aujourd'hui, au contraire, la répartition est réglée presque uniquement par la convention et la concurrence.

CHAPITRE IV.

RÉMUNÉRATION DU CONCOURS DE LA NATURE.

§ 1. La rente.

Si je pêche dans un lac poissonneux, si je chasse dans une forêt giboyeuse, si je cultive une terre fertile, j'obtiens de quoi subsister, et au delà. La nature me prête son concours, et plus elle sera féconde, plus grand sera l'excédent que me laissera mon travail bien dirigé, au delà des frais nécessaires pour mon entretien.

Cet excédent, dû à la bonne direction de mon travail et à la puissance productive des agents naturels, est la rente naturelle. Serai-je obligé de la payer aux propriétaires de ces agents? Cela dépend, non de la nature, non de mon activité au travail, mais de l'état social. S'il y a des terres fertiles en quantité illimitée, comme dans les pays vierges, je ne payerai rien pour qu'on me cède la jouissance d'une terre, puisque je puis en occuper une presque sans frais. Je garderai donc pour moi l'excédent du produit sur les frais de production, c'est-à-dire la rente naturelle.

Si, au contraire, tous les agents naturels sont déjà

occupés, il faudra que j'abandonne tout ou partie de cet excédent au propriétaire, pour qu'il me concède l'autorisation de travailler sur son terrain.

La partie de l'excédent que je serai forcé de livrer dépendra de la concurrence entre les gens sans terre, qui, pour vivre, s'en disputent la culture. Si ceux-ci ne sont pas nombreux, j'aurai peu à donner. Si, au contraire, il y en a plus que de terres, je serai réduit à donner tout le produit, moins ce qui est strictement nécessaire pour me faire subsister.

Toute chose produisant des choses utiles et n'existant qu'en quantité limitée peut donner une rente, aussi bien qu'une terre arable : ainsi, une chute qui fait tourner un moulin ; une rivière ou un lac contenant des poissons ; une carrière, une mine, un terrain à bâtir, un talent exceptionnel de chanteur. Leur possession constitue un monopole, dont le propriétaire peut se faire payer la jouissance, s'il la cède.

Le même travail sur une bonne terre rapporte plus que sur une mauvaise. Pour obtenir le droit de cultiver la bonne terre, on sera donc disposé à payer une somme équivalant à l'avantage que procure sa fertilité plus grande.

L'excédent du produit sur les frais de production constitue la rente naturelle. La portion de cet excédent que les circonstances obligent l'exploitant à donner au propriétaire est la rente effective.

On dit fréquemment que la rente provient de la différence de fertilité des différentes terres. Cette différence est cause des différents taux de la rente, non de la rente elle-même. En effet, toutes les terres étant de qualité égale, toutes pourraient produire une rente, si elles livrent un excédent et s'il n'en reste pas de disponibles. Ainsi, en Égypte, le sol tout entier, formé par les dépôts limoneux du Nil, est presque de même qualité; toutes les terres payent une rente très élevée.

La bonne situation, c'est-à-dire la proximité d'un grand marché, d'une rivière, de la mer ou d'un chemin de fer, accroît l'utilité d'un terrain et donne lieu à une rente, comme la fertilité. Un terrain au centre d'une grande capitale vaut jusqu'à 2 000 à 3 000 francs le mètre carré et se loue à proportion.

La rente obéit à la loi qui règle la valeur. Elle dépend de l'utilité et de la rareté. Un fonds donne une rente d'autant plus élevée qu'il produit plus d'utilités, d'abord, et ensuite, qu'il est plus rare.

§ 2. Théorie de la rente de Ricardo et de Stuart Mill.

Un disciple d'Adam Smith, Ricardo[1], a formulé une théorie de la rente qui porte son nom. D'après lui, les hommes mettent d'abord en culture les terres les plus fertiles, et tant qu'il en reste de disponibles, il n'y a point de rente. Mais, bientôt, la population s'accroît et les terres libres sont toutes occupées; les denrées agricoles, plus demandées, augmentent de prix. Ce prix plus élevé rend profitable de mettre en culture les terres de seconde qualité. Mais comme sur un marché il n'y a

1. David Ricardo, né en 1772, mort en 1823. Stuart Mill le considère comme le plus éminent disciple de Smith. Son principal ouvrage est intitulé : *Principles of political Economy* (1817). Ce qui fait de lui le chef d'une école, c'est qu'il a formulé les principes énoncés avant lui avec la précision de raisonnement des sciences exactes.

qu'un prix, la culture des meilleures terres laisse un excédent, qui est la rente.

Si la population et les prix continuent à monter, on est obligé de passer aux terres de troisième qualité, et alors la rente sur les autres terres augmente de nouveau

Il s'ensuit que la rente pour chaque terre est égale à la différence qui existe entre le produit que chacune d'elles livre et celui de la plus mauvaise terre cultivée.

On pourrait dire, avec plus d'exactitude, que si les exploitations sont disputées, la rente est égale au produit, moins les frais nécessaires pour l'obtenir.

Elle est l'excédent plus ou moins grand que livre le travail aidé par la fécondité plus ou moins grande de la nature.

De ce qui précède on peut tirer deux conclusions très importantes.

La première est celle-ci : la hausse du prix des denrées agricoles n'est pas la conséquence de la hausse des fermages, comme on le croit généralement, mais la hausse des fermages est la conséquence de la hausse des prix. C'est seulement quand le paysan vend son blé et son bétail plus cher, qu'il peut payer un fermage plus élevé.

Dans toute société où la population et la richesse se développent, la rente tend à augmenter. En France et en Belgique, le fermage moyen des terres a presque doublé depuis cinquante ans. La hausse des prix favorise l'accroissement de la rente, de deux façons : premièrement, le cultivateur doit vendre moins de ses produits pour couvrir ses frais ; secondement, chaque partie du produit se vend plus cher. La baisse des prix agit naturellement en sens inverse.

L'accroissement de la rente est arrêté : premièrement, par toute amélioration agricole qui a pour effet d'accroître le produit ; et, secondement, par la facilité des importations étrangères. Ces deux causes produisent le même résultat : plus grande abondance des denrées, d'où baisse des prix, d'où baisse de la rente.

Toutefois il se peut que plus de denrées, même vendues à un prix moindre, donnent un total égal ou supérieur. Dans ce cas, la rente ne diminuera pas et peut-être même augmentera.

Toutes les améliorations dans les procédés agricoles qui diminuent les frais : meilleure charrue, machines aratoires perfectionnées, routes nouvelles, contribuent à augmenter la rente. C'est à cette cause, jointe à l'augmentation du prix de la viande et du beurre, qu'est due, en grande partie, la hausse de la rente à notre époque.

§ 3. Arguments de ceux qui nient l'existence de la rente.

Certains économistes, suivant Bastiat et Carey[1], nient l'existence de la rente.

Le concours de la nature, dit Bastiat, est toujours gratuit. Si l'on paye un loyer, c'est pour rétribuer le

1. H. C. Carey, né en 1703, mort en 1870, est l'économiste le plus connu des États-Unis. Dans son livre *Principles of social science*, il combat plusieurs des principes généralement admis en économie politique, concernant la théorie de la rente et de la population, et surtout du libre échange. Il a le mérite de citer beaucoup de faits, mais le tort de les interpréter trop exclusivement à l'appui de ses idées.

travail et le capital incorporés dans la terre, et non sa fertilité naturelle.

Carey ajoute : Contrairement à ce qu'a prétendu Ricardo, on met d'abord en culture les terres légères des collines, et, plus tard seulement, les terres plus fertiles des vallées.

Ce que dit Bastiat est en opposition avec les faits. Les terres qui donnent la rente la plus élevée, parce qu'elles livrent le plus grand produit avec le moins de frais, sont souvent celles où le moins de travail humain a été incorporé ; ainsi telles sont les riches pâturages de la Normandie, des bords du Pô et du pays de Herve, en Belgique, le sol de l'Égypte et la « terre noire » de la Russie et de la Roumanie. Consultez un fermier, il vous dira que tel champ d'une même ferme peut payer une rente double de tel autre.

Le Clos-Vougeot, le Château-Laffitte, le Johannisberg, donnent une rente dix fois plus élevée que les vignobles voisins qui ont exigé une même somme de travail. Les rivières de l'Europe où l'on pêche le saumon donnent une rente très considérable. La source de choses utiles dont on paye la jouissance doit cet avantage uniquement à la nature.

L'observation de Carey est fondée, mais elle n'infirme pas le principe de la théorie de Ricardo. Les hommes ont cultivé d'abord les terres les plus fertiles ou les mieux situées *parmi celles qui étaient abordables*. Les autres n'existaient pas pour eux. Quand plus tard celles-ci ont été mises en valeur, elles ont agi comme une amélioration agricole. Apportant des produits plus abondants, elles ont arrêté momentanément l'accroissement de la rente ; mais, si elles ont été exceptionnellement fertiles, elles auront donné dès le début une rente élevée. Bientôt, la population et la richesse continuant à s'accroître, la rente de toutes les terres augmentera. Ricardo, en ce point, a raison.

CHAPITRE V.

Le salaire est la rémunération du travail.

Il faut distinguer le salaire compté en argent, et le salaire calculé d'après la quantité d'objets utiles que cet argent procure. Avec trois ou quatre francs par jour, à Paris, un ouvrier a peine à vivre, parce que le logement et les subsistances sont très chers. En Chine et au Japon, avec un franc, il ne manquera de rien, parce que tout y est à bon marché. L'important pour le travailleur est la quantité de choses : pain, viande, vin, bière, habits, que son salaire lui permet de consommer.

Une diminution des frais de production amenant une baisse du prix des produits tend à augmenter indirectement le salaire. Le travailleur n'obtient pas plus d'argent, mais, pour son argent, plus de choses utiles.

§ 1. Systèmes de rémunération.

Ordinairement on rétribue les ouvriers en argent, mais parfois en denrées, comme dans les fermes où on les nourrit.

On peut fixer la rémunération du travail d'après le temps : à la journée, à l'heure; ou d'après la besogne faite : à la tâche, aux pièces en payant par exemple deux francs le mètre carré de peinture, ou cinq francs le mètre cube de maçonnerie.

La rémunération à la tâche est préférable pour bien des motifs. Elle est plus juste : chacun est payé en raison de son mérite et de son assiduité; elle stimule par conséquent davantage l'activité, car elle applique la responsabilité, le grand ressort du monde économique; elle augmente ainsi la production totale; elle supprime les frais de surveillance; si l'ouvrier n'est pas attelé à la machine, elle lui permet de travailler à ses heures et de devenir un petit entrepreneur, puisque tout travail aux pièces est déjà une sorte d'entreprise à forfait; elle est un grand avantage pour le maître, car il ne paye que pour ce qu'il reçoit.

Les ouvriers n'aiment pas qu'on introduise le travail à la tâche. Pour s'y opposer, ils se mettent souvent en grève, comme en Angleterre. En France, après la révolution de 1848, ils demandèrent même que la loi l'interdit.

Ils prétendent que le prix de la tâche est calculé d'après ce que peut faire un ouvrier d'élite, et que, par conséquent, l'ouvrier ordinaire ne peut gagner de quoi vivre.

En réalité, les ouvriers à la pièce sont généralement mieux rémunérés que les ouvriers à la journée. Quand il en est autrement, c'est que ceux qui les emploient y sont contraints par la concurrence, sous peine d'avoir à cesser le travail.

Il est désirable que le salaire à la tâche s'applique le

plus possible. Ce système, augmentant considérablement la production, doit avoir pour effet d'accroître indirectement le bien-ê   3 ouvriers.

Ce qui est encore plus efficace pour stimuler au travail et pour améliorer le sort des travailleurs, c'est d'ajouter au salaire une certaine participation au bénéfice.

On accorde maintenant, très fréquemment, au directeur et aux employés supérieurs d'une société industrielle, une part des bénéfices, afin de les intéresser au succès de l'entreprise et d'accroître ainsi leur zèle. Il suffit de généraliser cette mesure pour obtenir les meilleurs résultats.

En France, en Allemagne, en Hollande et en Suisse, des patrons bien inspirés, au lieu de remettre immédiatement à leurs ouvriers cette rémunération supplémentaire, la capitalisent, afin de leur constituer une ressource pour la vieillesse.

§ 2. La loi d'airain.

« En tout genre de travail, a dit Turgot[1], il doit arriver et il arrive, en effet, que le salaire de l'ouvrier se borne à ce qui est nécessaire à sa subsistance. »

1. Anne-Robert-Jacques Turgot, né en 1727, mort en 1781, a publié un très grand nombre d'écrits concernant des questions économiques. Ils sont aussi remarquables par la justesse des idées que par la clarté du style, notamment ceux qui traitent de la monnaie, de la liberté du travail et de l'intérêt. Il donna aux vues parfois confuses de l'école physiocratique toute la rigueur de la science. Si Louis XV l'avait maintenu au ministère, il eût, par des réformes, corrigé les abus de l'ancien régime.

Ricardo a reproduit plus tard la même idée, et il a cru avoir démontré irréfutablement qu'elle était vraie. Le salaire de l'ouvrier, dit-il, se réduit naturellement à ce qui est indispensable pour lui permettre de subsister et de se perpétuer. En effet, il ne peut se contenter de moins, car, alors, le nombre des ouvriers décroît par l'excès de dénuement, et, l'offre des bras diminuant, le salaire augmente. Il ne peut pas non plus obtenir longtemps davantage; car l'aisance accrue augmente le nombre des mariages et des naissances; bientôt, plus d'ouvriers offrent leurs bras, et, par conséquent, le salaire est ramené au minimum *nécessaire* ou naturel.

Lassalle[1], l'un des chefs du socialisme allemand, invoquant l'autorité de Ricardo et de la plupart des économistes, s'est écrié : « Voilà la loi d'airain, formulée par les maîtres de l'économie politique! Elle condamne les ouvriers à une misère irrémédiable. Une société qui aboutit à une semblable iniquité doit être complètement modifiée. »

Heureusement les faits observés ne confirment pas la vérité de la prétendue loi de Ricardo.

M. Paul Leroy-Beaulieu[2] pour la France, et M. Dauby[3] pour la Belgique, ont démontré que la condition de l'ouvrier s'est beaucoup améliorée depuis un siècle.

1. Ferdinand Lassalle, né à Breslau en 1825, tué en duel à Genève en 1864. Ses idées ont été émises dans de nombreux écrits de polémique, mais il n'a point publié de livres importants en économie politique.

2. Paul Leroy-Beaulieu, né en 1843, auteur de plusieurs ouvrages remarquables par l'exposition des faits, parmi lesquels on peut citer la *Science des Finances* (1877) et l'*Essai sur la répartition des finances* (1881).

3. Joseph Dauby, né à Bruxelles en 1824. Principaux ouvrages : *Les classes ouvrières en Belgique* (1863); *De l'élévation de la classe ouvrière en Belgique, au point de vue moral et intellectuel* (1873).

Loin de produire une multiplication excessive de l'espèce humaine, l'aisance la modère plutôt, par l'effet de la prévoyance.

La misère, au contraire, est prolifique à l'excès, comme on l'a vu en Irlande, et comme l'indique le mot sinistre « prolétaire », qui signifie en même temps misérable et surchargé d'enfants.

Le travail, le bien-être et la vertu, agissant sous l'empire de la justice, mettront à néant « la loi d'airain ».

§ 3. Causes qui produisent les différences dans les salaires.

Les salaires sont très différents dans les divers métiers. Ainsi les tailleurs de diamants d'Amsterdam gagnent vingt ou trente francs par jour, et un manœuvre, à la campagne, dans le même pays, un franc cinquante centimes.

Plusieurs causes font obtenir des salaires exceptionnels :

1° Certaines aptitudes rares. — Elles constituent alors une sorte de monopole. Un grand chanteur gagne plus de cent mille francs par an, ce qui est trop. Des souffleurs de verre, qui font ces grands carreaux de vitre qu'on appelle demi-glaces, gagnent dix ou douze francs par jour.

2° La situation. — Le salaire nominal est plus élevé en ville, parce que la vie y est plus chère.

3° La durée habituelle des chômages. — Un ouvrier qui ne peut exercer son métier qu'une partie de l'année oit avoir des journées plus fortes pendant qu'il travaille, sinon il ne pourrait, comme on dit, « nouer les deux bouts »; il en est ainsi, par exemple, pour le maçon, dans les pays où la gelée interrompt les travaux.

4° Ce qu'il y a de rebutant dans certaines professions. — On ne s'y soumet que pour un salaire exceptionnel. Le bourreau est très bien payé, et cependant il travaille rarement. Dans d'autres occupations, la sécurité ou l'agrément compensent la modicité de la rétribution. Un petit employé se contente d'un mince salaire, parce que son avenir est assuré. Souvent des gouvernantes, ainsi qu'on le voit dans les annonces, ne réclament que des « égards », et point de gages.

5° La longueur de l'apprentissage. — Elle assure à certains métiers un salaire très élevé, car il sert, en partie, à indemniser de tous les frais qui ont été faits.

Les anciens économistes pensaient que, en tenant compte de ces différences, on pouvait dire que les salaires tendent à se niveler. Il est certain que, si rien ne s'y oppose, un salaire exceptionnellement élevé doit attirer beaucoup de travailleurs, ce qui amènera une baisse, tandis qu'un salaire exceptionnellement bas chassera les ouvriers vers les métiers mieux rétribués.

Comme l'a montré M. Cliffe Leslie[1], par une quantité d'exemples, les salaires, pour le même métier et dans le même pays, varient beaucoup, suivant les régions. L'amour du clocher, l'habitude, la difficulté du déplacement et du logement, parfois la diversité des

1. Cliffe Leslie, né en 1830, en Irlande, mort en 1882, auteur d'un grand nombre d'études et de deux livres importants : *Essays in political and moral philosophy* et *Land systems in Ireland, England and the continent.* Il y applique, avec éclat, la méthode historique aux recherches économiques.

dialectes, sont autant d'obstacles qui s'opposent au nivellement des salaires.

En France, aux environs de Paris, un manœuvre, obtiendra deux fois plus que dans les départements du centre. En Belgique, à la campagne, il gagne un franc vingt-cinq centimes, dans la Campine, et deux francs cinquante dans les Ardennes.

§ 4. Salaire modique ne fait pas de l'ouvrage à bon marché.

Un grand constructeur de chemins de fer, M. Brassey, après avoir employé des ouvriers dans toutes les contrées du globe, a écrit un livre, *Work and Wages (Ouvrage et salaire)*, pour prouver qu'on obtient de la besogne exécutée à bon marché, en payant de bons salaires.

L'ouvrier mal rétribué est faible et indolent. Le travail traîne et finit par coûter très cher.

Exigez vigueur et assiduité, mais payez bien, voilà le conseil que donne M. Brassey. Tout le monde en profitera, l'ouvrier, l'entrepreneur et la société tout entière.

§ 5. Le fonds des salaires.

Beaucoup d'économistes ont cru qu'en tout pays, à un moment donné, il existait un fonds spécialement affecté à la rétribution du travail. Le taux moyen du salaire s'impose donc à tous, disent-ils, et nécessairement, car, chaque ouvrier prenant sa part de ce fonds, la valeur de cette part résulte de la division du fonds par le nombre des ouvriers. Ni résistance des travailleurs, ni bienveillance des patrons ne peuvent modifier cette loi mathématique. Si vous donnez plus aux uns, il restera moins pour les autres. Le salaire moyen n'augmentera que si le fonds augmente plus rapidement que le nombre des ouvriers.

Voici la vérité en ce point.

La nation vit sur l'ensemble des choses utiles qu'elle produit. Elle ne peut consommer plus que cela ; mais la façon dont ce fonds se partage entre la rente, l'intérêt, le salaire et les profits dépend du contrat, de la coutume ou de la volonté des parties prenantes. Seulement, il est vrai que si l'une d'elles obtient plus, une autre ou les autres auront moins.

Ainsi, après 1870, l'activité extraordinaire de l'industrie en Europe a occasionné une hausse générale du salaire. C'est la rente qui a été atteinte alors.

On peut présenter la chose sous la forme suivante. Produit = rente + intérêts + salaire + profits. Si la part du salaire est accrue, ce qui reste pour les autres copartageants doit diminuer, car Produit — salaire = rente + intérêts + profits. Voici une démonstration plus simple : Un cultivateur, sur un produit valant trois francs, paye un franc par jour à l'ouvrier qu'il emploie, il peut en retenir deux pour lui. S'il est forcé de donner à cet ouvrier deux francs, il est évident qu'il ne lui en restera plus qu'un.

§ 6. Y a-t-il un salaire naturel ou normal?

Les économistes de l'école de Ricardo disent qu'il y a un salaire naturel, lequel est déterminé, comme le prix de toutes les autres marchandises, par les frais de production du travail.

Les frais de production de la marchandise-travail sont ce qui est strictement nécessaire à l'ouvrier pour lui permettre de subsister et de travailler.

Sans doute, le salaire a été souvent aussi bas, et l'histoire nous apprend que fréquemment il n'a pas même suffi pour entretenir le travailleur, puisque les populations étaient décimées par la famine, comme sous les règnes de Louis XIV et de Louis XV.

Mais c'était l'effet de détestables lois et de l'ignorance des hommes, et non de prétendues lois naturelles.

Le salaire normal est celui qui permet, tout au moins, à l'ouvrier et à sa famille l'entretien et le développement normal des facultés du corps et de l'intelligence.

Mais, dira-t-on, qui déterminera la somme qu'exigent cet entretien et ce développement normal des facultés? Je réponds : l'hygiène. Ce problème, si souvent déclaré insoluble, est résolu chaque jour, par l'administration de l'armée, dans les différents pays. Celle-ci fixe, en effet, la quantité de nourriture et la qualité des vêtements nécessaires au bon entretien des forces du soldat. Ne faudrait-il pas que l'ouvrier pût se procurer, par son travail, au moins la ration du militaire?

§ 7. Des causes qui déterminent le taux des salaires.

Le salaire est-il, comme le prétendent certains économistes, en proportion de la productivité du travail ?

Il semble qu'il devrait en être ainsi. Si le travail produit deux fois plus de choses utiles, le travailleur ne devrait-il pas être deux fois mieux pourvu ?

Il n'en est cependant ainsi que quand celui qui travaille possède en même temps le capital, comme dans le cas d'un petit cultivateur, par exemple. La rémunération du simple salarié est déterminée par d'autres causes.

L'accroissement de la production profite d'abord à l'entrepreneur, et plus tard, par la baisse des prix, au public tout entier.

Dans un atelier, un industriel établit une machine qui permet à l'ouvrier de produire, par jour, dix fois plus que le travail à la main : si la main-d'œuvre n'est pas devenue plus difficile, le salaire de l'ouvrier ne sera pas augmenté. Tout le bénéfice de la machine sera pour l'industriel, jusqu'à ce que les prix baissent, par suite de la facilité et de l'abondance de la production.

En fumant deux fois plus son champ, un fermier obtient deux fois plus de pommes de terre. Il n'y verra pas une raison pour payer davantage les ouvriers qui font la récolte, mais le salaire réel peut augmenter par la baisse du prix des pommes de terre. On voit que la productivité du travail n'agit qu'indirectement sur le salaire en multipliant les objets, ce qui permet au salarié d'en acheter davantage.

Le salaire est déterminé par la concurrence entre les ouvriers qui offrent leurs bras, et les maîtres qui en ont besoin.

Ainsi que l'a dit énergiquement Cobden, quand deux ouvriers courent après un maître, le salaire baisse; quand deux maîtres courent après un ouvrier, le salaire monte; c'est une application de la grande loi de l'offre et de la demande, que nous exposerons plus loin.

Il y a des limites à cette hausse et à cette baisse.

Le salaire ne peut tomber au-dessous de ce qui est strictement indispensable à l'ouvrier pour subsister, car alors celui-ci disparaîtrait.

Il ne peut dépasser le montant de la valeur ajoutée à l'objet. Comme le remarque l'économiste allemand von Thünen, le dernier travail qu'il vaut la peine de faire exécuter rapporte très peu; le salaire ne peut excéder ce peu, sinon ce travail ne serait pas commandé ni payé.

Un ouvrier cordonnier fait une paire de souliers qui vaut dix francs, avec du cuir qui en vaut quatre : la rémunération ne peut dépasser six francs. Mais d'ordinaire, sur la plus-value créée par le salarié, il faut prélever de quoi rétribuer l'entrepreneur et le capitaliste, sinon le premier cesserait d'employer des ouvriers, et le second de prêter son argent.

Avec la rémunération de son travail, disent Proudhon et Karl Marx, l'ouvrier ne peut racheter le produit de son travail; donc, il est spolié par le capital. Les socialistes qui parlent ainsi font une erreur de calcul. L'objet n'a pas été produit par le seul effort de l'ouvrier, mais par cet effort aidé d'instruments, et s'exerçant sur des matières premières. Le travail est seul « actif », soit; mais

il n'est « productif » que grâce au concours du capital
et de la nature. Ce concours doit aussi être rémunéré.

L'ouvrier peut-il se rendre propriétaire de l'outil et
de la matière, il gardera tout le produit. Le salarié doit
donc acquérir la propriété.

Le salaire monte quand on a besoin de beaucoup
d'ouvriers, et ce besoin se produit quand il y a
beaucoup de gens industrieux et entreprenants et beaucoup de capitaux.

Voulez-vous donc que la condition de l'ouvrier s'améliore, favorisez la création du capital par l'épargne et par
le développement de l'instruction et de l'esprit d'entreprise.

Le salaire diminue quand le nombre des ouvriers
augmente plus rapidement que les entreprises et les
capitaux qui peuvent les employer.

Ici nous touchons à ce que l'on appelle la question
de la population.

La concurrence d'une part entre maîtres cherchant
des ouvriers, et d'autre part entre ouvriers cherchant
un maître, n'agit que dans les limites de chaque branche
du travail.

Si l'on demande beaucoup de tailleurs, leur salaire
haussera, mais non celui des autres métiers. Cependant,
si beaucoup d'industries à la fois sont prospères et
réclament beaucoup d'ouvriers, pendant un certain
temps, la hausse se communiquera de proche en proche,
en une certaine mesure, parce que les ouvriers attirés
d'un côté feront un vide de l'autre.

§ 8. Le sort des travailleurs s'est-il amélioré?

Nul ne prétendra que la condition de ceux qui travaillent de leurs mains soit telle qu'elle devrait l'être ; mais il est certain qu'elle s'est améliorée et qu'elle s'améliore encore chaque jour.

Que celui qui en doute entre dans la chaumière de l'un de nos ouvriers de la campagne les moins bien rétribués, qu'il examine les denrées alimentaires, les vêtements, les ustensiles et les objets de mobilier qu'il y trouvera, et qu'il relise ensuite le passage où La Bruyère décrit les paysans sous le règne du grand roi Louis XIV.

« On voit certains animaux farouches, des mâles et des femelles, répandus par la campagne, noirs, livides et tout brûlés du soleil, attachés à la terre qu'ils fouillent, qu'ils remuent avec une opiniâtreté invincible ; ils ont comme une voix articulée, et, quand ils se lèvent sur leurs pieds, ils montrent une face humaine : et en effet ils sont des hommes. Ils se retirent la nuit dans des tanières, où ils vivent de pain noir, d'eau et de racines ; ils épargnent aux autres hommes la peine de semer, de labourer et de recueillir pour vivre, et méritent ainsi de ne pas manquer de ce pain qu'ils ont semé. » (*Caractères*, De l'homme.)

En 1740, Massillon, évêque de Clermont-Ferrand, écrit au cardinal Fleury, premier ministre de Louis XV : « Le peuple des campagnes vit dans une misère affreuse, sans lits, sans meubles ; la plupart même, la moitié de l'année, mangent du pain 'ge et d'avoine, qui fait leur unique nourriture et qu   sont obligés d'arracher de leur bouche et de celles de leurs enfants, pour payer les impositions.»

Songeons à l'époque où les hommes mouraient de faim, en foule, le long des grands chemins, et bénissons le temps présent, en espérant mieux encore pour le siècle prochain.

CHAPITRE VI.

Dans les siècles passés, les riches et les puissants ont toujours cherché à réduire la part des travailleurs, pour augmenter la leur. Notre siècle, au contraire, paraît s'imposer le devoir qu'indiquait un réformateur fameux, le comte de Saint-Simon, celui d'améliorer la condition matérielle, intellectuelle et morale de la classe laborieuse. Mais comment y parvenir? Ceci n'est rien moins que la question sociale.

Examinons quelques-unes des solutions proposées.

§ 1. La charité.

Autrefois, la bienfaisance ne connaissait qu'un moyen de venir en aide à ceux qu'on appelait les pauvres : c'était l'aumône, et, dans son exaltation sublime, l'homme charitable allait parfois jusqu'à leur abandonner tout, pour embrasser la pauvreté volontaire. Mais l'analyse économique a démontré que l'aumône prélève sur le travail de quoi entretenir l'oisiveté indigente. Elle diminue la responsabilité et la dignité, affaiblit le stimulant de l'activité, et ainsi entretient la misère.

Deux institutions l'ont bien prouvé : les distributions de vivres faites, chaque jour, par les couvents, sous l'ancien régime, et la loi des pauvres, en Angleterre, encore en vigueur aujourd'hui.

Il y aura toujours des infortunes involontaires à secourir, mais ce n'est pas l'aumône qui améliorera définitivement le sort du plus grand nombre.

§ 2. Le communisme.

Le communisme a été tantôt le cri de guerre des opprimés, comme dans les insurrections de Spartacus, des Bagaudes, des Pastoureaux, des Jacques et des paysans à l'époque de Luther ; tantôt l'utopie de quelques grands esprits, comme Platon dans la *République*, Thomas Morus dans son *Utopie* (*De optimo reipublicæ statu, deque nova insula Utopia*, 1516), Campanella dans la *Cité du Soleil* (*Civitas solis*, 1620) et Fénélon dans la *Salente* du *Télémaque*.

Les Esséniens, en Judée, les disciples de Pythagore, dans la grande Grèce, les premiers chrétiens, à Jérusalem, ont vécu en communauté, et de nos jours on voit se multiplier autour de nous des associations monastiques qui font vœu de proscrire la distinction du « tien » et du « mien ».

C'est l'application du mot de J.-J. Rousseau : « Gardez-vous d'oublier que les fruits sont à tous, et que la terre n'est à personne. »

Dans ce système, les moyens de production sont possédés par la société.

Le principe qui règle le partage des produits est celui-ci : « *A chacun suivant ses besoins; de chacun suivant ses forces.* » La société constituée sur cette base serait l'image de la famille, où, en effet, chacun travaille tant qu'il peut. et consomme tant qu'il veut.

Jamais le communisme ne pourra durer, parce qu'il viole la justice et méconnaît les instincts les plus profonds de la nature humaine.

La formule de la justice est: *Cuique suum,* « à chacun le sien » ou « à chacun selon ses œuvres ». Le communisme, au contraire, ne tient aucun compte des œuvres et ne reconnaît à personne « le sien ». L'homme laborieux est la dupe du fainéant qui l'exploite.

Le mobile de l'activité humaine est toujours et partout l'intérêt individuel : dans le communisme, l'intérêt individuel est sans cesse sacrifié; s'il agit, ce sera pour pousser l'homme à la paresse et à la gourmandise.

Le besoin étant la mesure du droit, le plus avisé sera celui qui mangera le plus et travaillera le moins.

Si les communautés religieuses subsistent et même se multiplient, ce n'est qu'en arrachant du cœur de ceux qui y vivent les sentiments naturels les plus enracinés, le besoin d'indépendance, l'amour du moi, les affections de la famille. C'est l'espoir des félicités célestes qui accomplit ce miracle. L'égoïsme n'est pas mort, car il ne peut cesser qu'avec la vie, mais son but est placé dans un autre monde.

Qui peut croire que la société industrielle s'organisera sur les principes et sur le modèle d'un couvent?

« Le communisme, dit le socialiste Proudhon[1], est le

___

1. Proudhon, né à Besançon en 1800, et mort en 1805. Ses écrits ont eu beaucoup de retentissement parce que le style en est véhément et

dégoût du travail, l'ennui de la vie, la suppression de la pensée, la mort du moi, l'affirmation du néant. » (*Système des contradictions économiques*, tome II, chap. XII.)

§ 3. Le nihilisme.

Un révolutionnaire russe, Bakounine, apparaît et dit : Le travailleur est volé, écrasé, réduit à la misère par toutes ces institutions qui se donnent pour mission d'assurer son bonheur : état, royauté, religion, armée, propriété, famille. L'homme ne sera heureux et libre que quand, de la société actuelle, il ne restera plus pierre sur pierre. Il faut tout anéantir : *nihil* « rien », tel est le but. Le nihilisme apportera le salut.

Fort bien ; mais quelle organisation nouvelle voulez-vous adopter ?

Je m'interdis et je vous interdis de le chercher, répond Bakounine. Tout utopiste est un tyran, car il voudra imposer l'organisation qu'il croit la meilleure. Je prêche l'amorphisme, c'est-à-dire l'absence de toute forme sociale : du peuple sortira spontanément celle qui convient à l'humanité affranchie.

Les ascètes des premiers siècles du christianisme et les millénaires, croyant la société irrémédiablement vouée au mal, attendaient la rénovation et la palingénésie d'un cataclysme cosmique. Du feu consumant le monde devaient sortir « d'autres cieux et une autre

brillant. Il a remué beaucoup d'idées, mais il en a obscurci plus qu'il n'en a élucidé, parce que ses connaissances économiques étaient insuffisantes.

terre ». La justice triompherait, et le bien régnerait.

Rousseau, désespérant de porter remède aux vices et aux iniquités, veut ramener l'humanité dans la forêt primitive. C'est le même sentiment, mais poussé jusqu'à la démence, qui a fait naître le nihilisme.

Est-il besoin de combattre cette doctrine? Comment discuter et réfuter le néant?

§ 4. L'anarchie.

Parmi les socialistes actuels, beaucoup se disent « anarchistes », c'est-à-dire adversaires de tout gouvernement, ἀναρχία signifiant absence de pouvoir gouvernant.

Si ces socialistes veulent seulement réduire le plus possible les attributions de l'État, ils sont d'accord, en cela, avec les économistes « anti-interventionnistes ».

Si réellement ils ont pour but de supprimer l'État, ils veulent alors nous ramener à la sauvagerie préhistorique, où, en l'absence de tout droit et de toute autorité, la violence l'emporte et où le fort dévore le faible, comme parmi les animaux.

§ 5. Le collectivisme et l'organisation du travail.

Les socialistes actuels repoussent le communisme, mais préconisent le collectivisme.

Comme le communisme, le collectivisme attribue à la société la propriété des fonds productifs et des instruments de travail, c'est-à-dire de la terre, des mines, des chemins de fer et des usines de toute espèce; mais, pour la répartition des produits, ils admettent la rémunération en proportion de l'ouvrage effectué, et ainsi ils ne suppriment pas la responsabilité et le stimulant de l'intérêt personnel.

Seulement, qui sera propriétaire des moyens de production, l'État, la commune ou la corporation ouvrière? Le système est si peu défini qu'il est difficile de le discuter.

Dans son livre fameux, *L'Organisation du travail,* M. Louis Blanc proposait que toutes les industries fussent exercées par l'État, comme l'est celle des chemins de fer en Belgique, et tel est à peu près ce que proposent encore, aujourd'hui, les collectivistes.

Il s'ensuivrait que tous les hommes seraient fonctionnaires, et que la société tout entière serait organisée comme l'armée.

Maintenant l'ouvrier qui ne travaille pas est renvoyé. Mais alors, toutes les industries étant aux mains de l'État, le renvoi ne serait plus possible. Il faudrait donc le remplacer par la salle de police ou la prison. Le ressort de l'activité productive ne serait plus l'initiative individuelle, mais l'obéissance passive et la contrainte.

Le progrès industriel s'accomplit actuellement, parce que chaque entrepreneur s'efforce de fabriquer à bon marché et de vendre beaucoup, afin de gagner davantage. Mais qui aurait intérêt à améliorer les procédés de fabrication si chacun recevait un traitement?

La fin du progrès et un despotisme universel, réglant tous les actes de la vie économique, voilà quel serait le sort de l'humanité!

§ 6. Les sociétés coopératives.

Dans une société coopérative de production, les ouvriers fournissent à la fois le capital et le travail, et, ces deux facteurs étant réunis dans les mêmes mains, l'antagonisme entre capitalistes et travailleurs cesse naturellement. On a cru trouver ainsi la solution du conflit social.

Malheureusement, diriger une entreprise industrielle est œuvre difficile. Les ouvriers n'en sont pas encore capables, et rétribuer comme il le faudrait directeurs et employés supérieurs leur paraît contraire au principe égalitaire. Les sociétés coopératives ont toujours succombé par l'incapacité ou l'improbité des directeurs.

Une société anonyme dont les ouvriers seraient les actionnaires présenterait les mêmes avantages et réussirait probablement mieux.

Il ne faut pas oublier que, dans l'ordre économique comme dans l'ordre politique, le principe d'autorité est indispensable. Dans une manufacture, comme sur un navire et dans l'État, il faut un maître qui commande, et des subordonnés qui obéissent, sinon c'est l'anarchie, le désordre et la ruine.

Jusqu'à présent, les ouvriers qui choisissent leur directeur ne savent pas mieux lui obéir que les milices qui élisent leur capitaine.

§ 7. L'émigration.

L'émigration n'amène une hausse des salaires que quand elle enlève brusquement une grande partie de la

population, sans jeter le trouble dans l'industrie, comme
« l'exode » qui, après la famine de 1847, enleva à l'Irlande trois millions d'habitants sur huit.

L'émigration lente, comme celle qui fait sortir d'Allemagne cent ou deux cent mille personnes par an, n'a pas d'effet sur le salaire. Les naissances comblent les vides, et, l'offre des bras ne diminuant pas, le salaire n'augmente pas.

§ 8. Les corporations et les unions de métier.

Autrefois, les ouvriers d'un même métier formaient une corporation fermée, où l'on n'était admis qu'après un long apprentissage et de sévères épreuves.

Ainsi, celui qui n'appartenait pas à la corporation des serruriers ne pouvait faire une serrure. Exécuter certains travaux était un privilège exclusif. On était libre de mourir de faim, non de gagner son pain comme on l'entendait.

Dans l'édit de 1776, Turgot dit : « Le droit de travailler est la propriété de tous, et la première, la plus imprescriptible de toutes. »

Aujourd'hui les corporations ont disparu, mais les ouvriers affranchis, se trouvant faibles, parce qu'ils sont isolés, se sont de nouveau réunis par métier, toutefois dans aucun privilège exclusif.

Ces « Unions de métiers » comptent un nombre considérable de membres en Angleterre et en Amérique, où on les appelle *Trade Unions*. Au moyen d'un versement hebdomadaire, ils forment une caisse de secours, et ils s'assemblent, de temps à autre, pour délibérer et agir en commun, afin d'élever leur salaire. Leurs armes sont la coalition et la grève.

§ 9. Les coalitions et les grèves.

Les ouvriers s'efforcent, de temps en temps, d'obtenir une augmentation de salaire, en se coalisant pour l'exiger, et en refusant de travailler, c'est-à-dire en se mettant en grève, si on la leur refuse.

Les grèves sont fréquentes en Angleterre — 2352 en dix ans (1870-1879), — parce que les ouvriers, associés en « Unions de métier » (*Trade Unions*), forment, au moyen d'un versement hebdomadaire, une caisse qui, à l'occasion, est employée à soutenir les « grévistes ».

La grève est organisée dans une manufacture : dans les autres, les ouvriers continuent à travailler et payent un salaire à ceux qui ne travaillent pas. A la fin, le patron est contraint de céder.

Pour ne pas être ainsi assiégés et réduits à merci, isolément, les maîtres répondent à la grève par le *lock out*, c'est-à-dire par la cessation complète du travail, ce qui force les ouvriers à se soumettre bientôt, faute de ressources pour continuer la lutte.

Ces grèves occasionnent de grandes souffrances, surtout aux ouvriers. Un statisticien anglais, B. Bevan, a calculé que 112 grèves ont coûté autant de millions en perte de salaires. Parfois, dans certaines localités, elles tuent une industrie.

Elles ne peuvent relever le salaire que quand les lois économiques le permettent, c'est-à-dire quand les profits sont grands. Mais plus souvent elles n'ont lieu

sur le continent que quand les industriels aux abois
ne peuvent payer plus cher la main-d'œuvre sans se
ruiner et, par suite, sans rendre pire encore la condi·
tion de ceux qu'ils emploient.

Pour éviter les grèves, on a maintenant recours, en
Angleterre, à deux moyens :

1° L'arbitrage : maîtres et ouvriers exposent leurs
raisons à un arbitre compétent, choisi d'un commun
accord pour trancher le différend.

2° Le salaire est fixé d'après le prix de vente du produit. Exemple : si le prix du fer monte ou baisse, le
salaire des ouvriers qui le produisent s'élève ou diminue à proportion.

§ 10. L'augmentation du capital et la diffusion de la propriété.

Les économistes disent : Le seul moyen d'améliorer
la condition des travailleurs est d'augmenter le capital.
L'augmentation du capital, si le nombre des ouvriers
n'augmente pas, aura pour effet d'élever le salaire.

Rien n'est plus exact; mais cela ne suffit pas. L'accroissement du capital a un terme, et ce terme peut être
atteint. On l'entrevoit déjà, sans que la rémunération
du travail soit devenue suffisante.

Ce qu'il faut, c'est que le capital accru passe, en
grande partie, aux mains des travailleurs eux-mêmes,
avec le secours de bonnes lois, et par l'épargne.

Cruelle dérision, dira-t-on : vous prêchez l'épargne à
ceux qui, vous l'avouez, n'ont même pas le nécessaire.

Ils n'ont pas le nécessaire, c'est vrai; et cependant

que d'argent ils dépensent pour un superflu qui leur est funeste, l'alcool et le tabac !

Si les ouvriers épargnaient seulement les sommes énormes qu'ils consacrent aux boissons alcooliques qui les abrutissent, en vingt ans ils pourraient acheter toutes les manufactures où ils travaillent. Ainsi c'est de la pratique de certaines vertus, prévoyance, sobriété et continence, que peut venir le salut.

§ 11. Du rapport entre l'augmentation des salaires et l'accroissement de la population.

Si la population augmente plus rapidement que le capital, et surtout que les subsistances, aucune réforme ne peut améliorer définitivement le sort des classes les plus pauvres, car le partage même le plus équitable du produit n'attribuera à chacun qu'une rémunération insuffisante.

Stuart Mill a donc raison de dire qu'en économie politique la question de la population domine toutes les autres.

CHAPITRE VII.

Faut-il redouter l'augmentation de la population?

Deux opinions opposées existent depuis longtemps sur ce sujet.

Dans les cités grecques, où l'espace était resserré, philosophes, politiques et législateurs pensaient que l'accroissement du nombre des citoyens était un mal auquel il fallait porter remède, même par des moyens qui nous font frémir.

A Rome, où les hommes manquaient, on honorait les familles nombreuses et l'on punissait le célibat.

Au xvii* et au xviii* siècle, quand presque partout les gouvernements despotiques dépeuplaient les campagnes, on croyait qu'il fallait, de toute façon, favoriser la multiplication de l'espèce humaine. « La population est toujours un bien, » dit Montesquieu. « Il n'y a pour un État pire disette que celle des hommes, » dit Rousseau.

Quesnay, au contraire, disait : « Il est plus urgent de multiplier les subsistances que les hommes; » et la plupart des économistes pensent comme lui. Ils s'inquiètent des mariages trop prolifiques, parce qu'ils accroissent le nombre des bouches à nourrir, tandis que les politiques et les conquérants s'en réjouissent, parce qu'ils augmentent le nombre des soldats.

Malthus[1], dont le nom s'attache indissolublement à la question que nous traitons, a exposé en deux gros volumes la théorie suivante. L'espèce humaine tend à augmenter plus rapidement que les subsistances. Elle croît suivant une progression géométrique, par voie de multiplication, comme les nombres

1, 2, 4, 8, 16, 32, 64.

Les subsistances, au contraire, augmentent suivant une progression arithmétique, par voie d'addition, comme les nombre

1, 2, 3, 4, 5, 6, 7.

L'équilibre cesse bientôt d'exister entre le nombre des bouches à nourrir et la quantité d'aliments qui leur est indispensable. Si ces deux lois de progression ne s'observent pas en réalité, c'est parce que des obstacles répressifs arrêtent l'accroissement de la population. Mais ces obstacles sont précisément les fléaux qui font gémir l'humanité, les maladies, la famine, la guerre et surtout la misère. Pour y échapper, le seul moyen est d'arrêter la multiplication excessive de l'espèce, par la contrainte morale.

Abandonnant les formules mathématiques de Malthus, Stuart Mill a ramené sa théorie aux propositions suivantes, qui paraissent inattaquables.

1. Thomas-Robert Malthus, né en 1766, à Rookery (Surrey), mort en 1834. L'ouvrage qui lui a valu une si grande célébrité, *Essai sur le principe de population*, parut en 1798. C'était la première fois que la question était traitée d'une manière approfondie. Il a publié aussi : *Principles of political economy* (1822) et *Definition in politi cal economy* (1827).

L'espèce humaine, quand elle n'est pas gouvernée d'une manière odieuse, tend à augmenter. En fait, elle double dans une période qui varie pour chaque pays, et qui est d'environ 30 ans pour les États-Unis et Java, et de 125 à 150 ans pour la France. L'accroissement annuel par 10 000 habitants est de 26 pour la France, de 98 pour la Belgique, de 101 pour l'Angleterre, de 115 pour l'Allemagne et de 260 pour les États-Unis.

D'autre part, le nombre d'hectares de terre arable est limité dans chaque pays et dans le monde entier, et la quantité de denrées alimentaires que peut produire chaque hectare ne peut augmenter que dans une certaine mesure.

Entre l'accroissement des hommes, qui est sans limites, et l'accroissement des subsistances, qui a des limites, un défaut d'équilibre doit s'établir tôt ou tard.

Le moment où le défaut d'équilibre produira la famine est éloigné, sans doute; mais, bien longtemps avant cette extrémité dernière, la demande croissante des produits agricoles réclamés du sol inextensible aura pour conséquence leur renchérissement et une difficulté plus grande de vivre, qui ne sera diminuée, momentanément, que par le perfectionnement de l'art agricole.

Beaucoup d'écrivains ont repoussé ces sombres prévisions. Voici les objections qu'ils ont faites :

1° La matière, dit Carey, prend plus facilement la forme des organismes inférieurs que celle des organismes supérieurs. Donc il y aura toujours plus d'herbages et de racines que de bœufs et de moutons, et plus de bœufs et de moutons que d'hommes.

Erreur : dans les pays à population dense, déjà maintenant il ne se produit pas assez de viande pour que chacun puisse en avoir autant que le prescrit l'hygiène.

2° La densité de la population augmente la productivité du travail, car l'homme met en œuvre plus de capitaux.

Cela est vrai; seulement il ne s'agit pas ici de produits industriels, mais uniquement d'aliments. Cent balles de drap ne nourriront pas un enfant.

3° Si, obéissant à Liebig, dit Pierre Leroux, vous restituez au sol tout ce que vous lui empruntez, vous créez le *circulus*, c'est-à-dire le cercle de vie où l'humanité peut toujours puiser de quoi entretenir la sienne.

Le conseil est excellent. Rendons à la terre même plus qu'elle ne nous donne, en y apportant des éléments de fertilité tirés de la nature inorganique. Cependant, si l'on met trop d'engrais, le blé verse et pourrit. Voilà la limite.

4° Que d'espaces inoccupés et fertiles dans le monde, où peuvent émigrer les habitants du pays où la population est trop dense! On a calculé qu'il y a largement place sur notre planète pour douze milliards d'êtres humains, et il n'y en a même pas quinze cents millions. D'ailleurs le commerce, de plus en plus libre et actif, apporte aux pays de notre vieux continent les produits de toutes les terres vierges, en quantités croissantes.

Tout cela est vrai, mais n'ébranle pas cette autre vérité, démontrée par Stuart Mill, que si la population continue à croître toujours, le moment doit venir où l'art agricole le plus perfectionné ne pourra pas produire assez de denrées alimentaires. On en est déjà là en Flandre, avec 280 habitants par 100 hectares, et dans l'Oudhe, aux Indes, avec une population presque aussi dense.

N'y a-t-il donc point d'issue? Les hommes, trop nombreux, seront-ils réduits, faute de vivres, à s'entre-dévorer; et notre race, au terme de cette série de progrès dont elle est si fière, finira-t-elle comme elle a commencé, par l'anthropophagie? Non pas; elle trouvera son salut dans le véritable progrès, qui peut se résumer en ces trois mots : plus de lumière, plus de vertu, plus de justice.

Plus de lumière fera prédominer la vie de l'esprit sur celle de la brute qui est en nous.

Plus de vertu conduira à plus de continence et de prévoyance.

Plus de justice, enfin, assurant à chacun la pleine jouissance des fruits de son travail, généralisera la propriété, antidote éprouvé contre l'excès de multiplication de notre espèce.

CHAPITRE VIII.

LE PROFIT.

§ 1. Notion et raison du profit

Le profit est la rémunération du travail du chef d'industrie.

Cette rémunération est incertaine, variable, aléatoire; car il paye des sommes fixes pour la rente, le salaire et l'intérêt, et il ignore ce que lui rapportera la vente de ses produits.

Au bout de l'an, il fait le calcul de tout ce que son industrie lui a coûté, et il déduit ce total de tout ce qu'elle lui a rapporté. La différence est son profit.

Le profit est donc l'excédent du prix obtenu des produits de l'entreprise, sur les frais de toute espèce qui ont été faits pour les créer.

Dans le profit il y a deux éléments. Le premier rémunère l'habileté et le zèle de l'entrepreneur. Il est d'autant plus grand dans une industrie, que celle-ci exige plus de connaissances, plus de préparation et qu'elle est moins attrayante. Dans chaque industrie il varie beaucoup d'après les qualités de chaque entrepreneur; c'est de ces qualités que dépend principalement le succès; où l'un se ruine, l'autre s'enrichit.

Le second élément est le risque. Le cultivateur ensemence un champ : que vaudra la récolte? Peut-être sera-t-elle anéantie par la grêle. Les risques moyens doivent être couverts par une prime d'assurance augmentant le profit; plus une entreprise est chanceuse, plus le profit doit y être grand.

Dans les différentes industries, les profits tendront à se niveler, parce que les gens entreprenants, munis de nouveaux capitaux, s'engagent dans celles qui rapportent des profits exceptionnels; mais ce nivellement ne s'opère jamais exactement, parce que les fluctuations de l'industrie et du commerce font sans cesse varier le taux des profits.

§ 2. Le taux des profits est-il en raison inverse du taux des salaires?

Considérant la richesse produite comme une quantité fixe, Ricardo et son école en ont déduit que les profits ne peuvent augmenter qu'aux dépens des salaires.

Si un entrepreneur peut exceptionnellement réduire les salaires, il est certain que, ses frais diminuant, son profit augmentera. Mais ses concurrents obtiendront bientôt les mêmes avantages, et, les frais de production diminuant, les prix de vente baisseront, et le profit sera le même.

Ce qui est plutôt vrai, c'est que le profit étant aussi la rémunération d'un travail, il baissera ou augmentera en même temps que le salaire. Celui qui gagne gros peut et doit bien payer ses ouvriers.

Aux États-Unis, le profit et le salaire sont élevés. Dans les États de l'Europe occidentale, ils le sont tous deux beaucoup moins.

§ 5. Le profit tend à diminuer.

Plus le travail est productif, mieux le grand produit qu'il crée peut rémunérer à la fois le maître et les ouvriers.

Dans les pays neufs, où les sources de richesse sont nombreuses et peu exploitées, maîtres et ouvriers peuvent gagner beaucoup.

Dans un vieux pays, ou tout est déjà exploité, il faut un travail persistant pour gagner de quoi vivre, et une habileté ou une chance exceptionnelles pour faire fortune.

Donc le profit tend à diminuer à mesure que se restreint le champ d'emploi relativement au nombre de ceux qui cherchent à employer leurs facultés et leurs capitaux.

La baisse des profits est arrêtée par tout perfectionnement des procédés du travail qui lui permet de produire ou davantage, ou à moindre frais.

Les chemins de fer, par exemple, ont offert à beaucoup de gens l'occasion de s'enrichir.

On voit ainsi tout l'avantage que la science apporte aux maîtres et aux ouvriers.

CHAPITRE IX.

§ 1. Ce qu'est l'intérêt.

Le concours que le troisième facteur, le capital, apporte à la production doit être rémunéré à son tour. La rémunération qu'il reçoit s'appelle l'intérêt.

Pour les capitaux fongibles et circulants que l'emprunteur consomme, l'intérêt se calcule ordinairement en pour-cent par année : ainsi cinq francs pour un prêt de cent francs pendant un an. Pour les capitaux fixes que l'emprunteur doit restituer tels qu'ils sont, la rémunération est en rapport avec le service rendu et la dépréciation probable.

Dans l'intérêt que l'on paye pour jouir d'un capital, on peut distinguer deux éléments : le premier est une prime d'assurance, qui doit couvrir les chances de perte du capital prêté; le second est simplement le loyer du capital.

Dans un pays où il y a de mauvaises lois et de mauvais juges, celui qui prête un capital risque de ne jamais le recouvrer. Il stipulera donc une prime de tant pour cent, qui, en moyenne, le couvrira de ce risque.

C'est pour ce motif que le taux de l'intérêt est toujours très élevé en Orient, quinze ou vingt pour cent et même davantage.

Voulez-vous réduire le taux de l'intérêt, faites de bonnes lois et nommez des juges intègres.

Celui qui prête un capital s'en prive : celui à qui il est prêté en jouit et en tire un profit; il est donc naturel que le second paye au premier une indemnité, un loyer pour cette jouissance.

Le taux de ce loyer sera élevé s'il y a peu de prêteurs, relativement au nombre des emprunteurs; il sera bas s'il y a beaucoup de prêteurs et peu d'emprunteurs. C'est la loi générale de l'offre et de la demande.

Mais quand y a-t-il beaucoup de prêteurs en quête d'un placement? Quand il y a beaucoup de personnes assez riches pour pouvoir épargner et assez économes pour le vouloir. En Hollande, dès le dix-septième siècle, l'intérêt était tombé à trois et même à deux pour cent. Chacun travaillait, commerçait, et personne ne dépensait tout son revenu. Descartes en fut très frappé : *Ibi nemo qui non exercet mercaturam*, dit-il.

Quand y a-t-il beaucoup d'emprunteurs? Lorsque l'esprit d'entreprise est développé, et qu'en même temps la nature offre à l'industrie des emplois nombreux et rémunérateurs.

Aux États-Unis, quoique les capitaux ne manquent pas, comme la plupart des entreprises: mise en culture des terres vierges, achat de terrains à bâtir, construction de maisons, mines, usines, chemins de fer, donnent de grands profits, dix, vingt, trente pour cent, l'homme entreprenant sera prêt à payer le capital six et huit pour cent l'an. De grandes fortunes se font rapidement. On peut en citer plusieurs de plus de cinq cents millions de francs qui se sont faites en peu d'années.

§ 2. L'intérêt tend à diminuer.

Dans les pays à population dense et depuis longtemps riche, comme l'Angleterre, le taux de l'intérêt tend à diminuer pour deux motifs : d'une part, parce que les capitaux, sans cesse créés par l'épargne, s'offrent à l'envi et au rabais ; et, d'autre part, parce que le champ d'emploi, c'est-à-dire les sources de richesse à mettre en valeur, diminuent

Ce qui peut arrêter cette tendance à la baisse du taux de l'intérêt dans les pays riches, c'est l'emploi des capitaux en placements à l'étranger, la découverte de nouvelles sources de richesse, ou certains progrès de l'industrie qui exigent des installations coûteuses, mais rémunératrices, les chemins de fer, par exemple.

Depuis 1850 jusqu'en 1870, le taux de l'intérêt s'est élevé en Europe, parce que dans le monde entier les télégraphes électriques par fils sur terre et par câbles immergés, les voies ferrées, les canaux pour les transports et pour les irrigations, les usines nouvelles, les banques, les établissements d'éclairage au gaz, les entreprises fructueuses de toute nature ont pu bien utiliser et bien payer tous les capitaux qui se formaient

Quand tous les grands travaux utiles seront achevés et que partout les industries auront à leur disposition les moyens de production les plus perfectionnés, le moment viendra où le capital nouveau ne trouvera plus d'emploi rémunérateur. C'est ce

que Stuart Mill appelle l'état stationnaire, et il y voit
un état heureux pour l'humanité, qui n'est pas faite,
dit-il, pour se consumer toujours dans la poursuite de
l'argent. Il a raison. La vie véritablement digne de nos
hautes destinées est celle du citoyen d'Athènes contem-
porain de Socrate, s'occupant de philosophie, d'art et
de la chose publique, à condition toutefois que la moitié
de la journée soit consacrée à un travail productif.

Quelle est la limite extrême de la baisse de l'intérêt?
C'est celle où la rémunération de l'épargne serait
insuffisante pour faire renoncer à la consommation
immédiate de la richesse produite. Quand cent francs
économisés ne rapporteront plus que cinquante centimes, le nombre de ceux qui épargneront diminuera
beaucoup.

N'oublions pas cependant que le souci de l'avenir est
souvent assez grand pour porter à thésauriser de l'argent dans un coffre, où il ne rapportera rien du
tout.

Lorsque la rémunération des capitaux ne suffira plus
pour engager à en créer de nouveaux, c'est que l'humanité
aura à sa disposition tous les moyens de production
nécessaires ; et, à condition de bien entretenir ceux-ci,
elle pourra alors consacrer, chaque année, à des jouissances immédiates, tout ce que le travail produira.

Ce temps est encore éloigné.

§ 3. La légitimité de l'intérêt et les lois contre l'usure.

Le sentiment moral, dans toute l'antiquité, Aristote,
les Pères de l'Église et le droit ecclésiastique ont con-

damné tout intérêt dans les termes les plus sévères, comme un vol et même comme un homicide. Caton dit : *Majores ita in legibus posuerunt furem dupli condemnari, feneratorem quadrupli*; « Les lois de nos ancêtres condamnaient le voleur à restituer le double, et le prêteur à intérêt, le quadruple ». On disait encore à Rome : *Quid est fenerari? Quid est hominem occidere?* « Qu'est-ce que prêter à intérêt? Qu'est-ce que tuer un homme? »

Cette condamnation était dictée, d'abord, par une erreur sur la nature du capital, ensuite, par la vue des maux qui résultaient du prêt à intérêt.

Erreur sur la nature du capital. On croyait que le capital est uniquement de l'argent, lequel est stérile. « L'intérêt, dit Aristote, est de la monnaie qui engendre de la monnaie, et c'est de toutes les acquisitions celle qui est le plus contre la nature. » (Livre I, chap. vii.) On retrouve la même idée à Rome : *Nummus non parit nummum* « Le numéraire n'engendre pas de numéraire ». En effet, une pièce de vingt francs n'aura pas, au bout d'un an, produit un franc pour en payer le loyer. On peut lire à ce sujet le traité de Bossuet sur *l'Usure*.

Les anciens étaient trompés par l'apparence. L'argent, en effet, ne produit rien, mais il n'est que le moyen d'arriver aux provisions, aux outils, aux machines, en un mot au capital, qui est, lui, essentiellement productif, puisque c'est grâce à lui que le travail produit tout. Comme le dit Bentham, répondant à Aristote, une darique d'or ne peut engendrer une autre darique, mais, avec cette pièce de monnaie, je puis acheter un bélier et une brebis qui me donneront des agneaux d'où naîtra un troupeau.

Dans l'antiquité, les maux causés par le prêt à intérêt le rendaient odieux, parce que c'étaient le plus souvent les malheureux qui empruntaient pour subsister, non pour tirer parti de l'emprunt. L'intérêt de la dette dévorait le capital. L'emprunteur était bientôt réduit à la misère et à la merci du créancier. C'est l'histoire des plébéiens à Rome.

Quand on lit la loi des Douze Tables, on comprend que, pour échapper à ses créanciers, le peuple fuie la cité et se réfugie sur le mont Sacré. Voici ce qu'elles portent à ce sujet :

ÆRIS CONFESSI REBUSQUE JURE JUDICATIS TRIGINTA DIES JUSTI SUNTO.	Pour le payement d'une dette d'argent avouée ou d'une condamnation juridique, que le débiteur ait un délai légal de trente jours.
POST DEINDE MANUS INJECTIO ESTO, IN JUS DUCITO.	Passé lequel, qu'il soit saisi et amené devant le magistrat.
NI JUDICATUM FACIT AUT IS ENDO EM JURE VINDICIT, VINCITO AUT NERVO, AUT COMPEDIBUS QUINDECIN PONDO, NE MINORE, AUT SI VOLET MAJORE VINCITO.	Alors, à moins qu'il ne paye ou que quelqu'un ne se porte caution, que le créancier l'emmène chez lui et qu'il l'enchaîne ou par des courroies ou par des fers aux pieds, pesant au moins quinze livres, ou plus si l'on veut.
TERTIIS NUNDINIS PARTES SECANTO, SI PLUS MINUSVE SECUERINT, SE FRAUDE ESTO.	Après le troisième jour de marché, qu'ils (les créanciers) se le partagent en morceaux; s'ils en coupent de parts plus ou moins grandes, qu'ils n'en soient pas responsables.

Chez les Israélites, le prêt à intérêt étant considéré comme un agent de ruine et de torture, il était interdit au Juif à l'égard d'un autre Juif, mais permis à l'égard de l'étranger.

Le droit canonique et les Pères de l'Église, en condamnant tout intérêt, ne faisaient que se conformer à l'idée de justice qui régnait à ce sujet en Grèce, à Rome et dans l'Ancien Testament.

L'analyse prouve que l'intérêt est à la fois juste et nécessaire.

Il est juste; car celui qui a créé un capital, une charrue, par exemple, doit être récompensé du sacrifice qu'il a fait en ne consommant pas, dans le loisir, les provisions qui l'ont nourri pendant qu'il fabriquait ce nouvel instrument de travail.

S'il prête sa charrue, celui qui l'empruntera obtiendra un plus grand produit. Serait-il équitable que celui-ci gardât pour lui tout cet accroissement du produit, dû à l'emploi de l'instrument perfectionné?

Celui qui le prête et celui qui l'emploie sont deux associés : il est juste qu'ils partagent le bénéfice obtenu.

L'intérêt n'est que l'équivalent de l'utilité produite journellement par la chose dont on cède la jouissance.

L'intérêt est aussi nécessaire. S'il était interdit ou supprimé, nul n'épargnerait plus, que pour thésauriser; toutes les économies seraient mises dans des coffres, comme jadis; pourquoi risquer de les perdre sans profit?

Peu de capital nouveau créé, et point de capital prêté, voilà quelle serait la situation.

Jadis, en tout pays, des lois contre l'usure défendaient l'intérêt considéré comme excessif, c'est-à-dire dépassant cinq ou six pour cent. Ces lois ont été abolies presque partout. On a bien fait. Elles étaient inutiles et même funestes à ceux qu'on voulait protéger.

Inutiles, car le prêteur les éludait, en stipulant une

commission aux renouvellements de l'emprunt, rendus très fréquents; funestes, car elles augmentaient le risque de prêter. Elles avaient donc nécessairement pour effet d'élever le taux de l'intérêt.

§ 4. Comment l'abondance ou la rareté du numéraire agit sur le taux de l'intérêt

Ce que l'entrepreneur d'industrie désire avoir en location, ce n'est pas du numéraire, mais des provisions, des matières premières, des outils, des machines, tout ce qui, mis en œuvre par le travail, produit des choses utiles.

Toutefois, c'est par le numéraire ou par des titres de crédit reposant sur le numéraire, qu'on arrive à la possession de ces instruments de la production, et c'est sous forme de numéraire que les prêts s'effectuent.

Le numéraire est un agent de circulation qui fait passer les choses d'une main dans une autre.

Il s'ensuit que, si le numéraire est rare, ce moyen d'arriver au capital productif est plus difficile à obtenir et se fait payer plus cher.

Quand les navires manquent pour transporter les marchandises, le fret coûte davantage. De même, quand les véhicules monétaires font défaut, l'intérêt s'élève.

Seulement, à mesure qu'on apprend à faire passer la possession des objets d'une main dans une autre, par l'emploi des titres de crédit, l'influence de la rareté du numéraire métallique sur le taux de l'intérêt diminue.

En outre, si la rareté de la monnaie persiste, les

prix baissent, et ainsi chaque véhicule monétaire transportant la possession de plus d'objets, la quantité existante de la monnaie suffit, et sa rareté, cette raison d'en faire payer l'usage plus cher, disparaît.

prix baissent, et ainsi chaque véhicule monétaire transportant la possession de plus d'objets, la quantité existante de la monnaie suffit, et sa rareté, cette raison d'en faire payer l'usage plus cher, disparaît.

DEUXIÈME PARTIE.

LA CIRCULATION DES BIENS.

Quand chacun des facteurs qui ont contribué à créer la richesse, le propriétaire du fonds, le travailleur et le capitaliste, a obtenu la part qui lui revient, il en fait usage pour se procurer les choses qu'il désire consommer. Il donne pour recevoir; la richesse passe d'une main dans une autre. Elle circule par l'échange.

CHAPITRE I.

L'ÉCHANGE.

§ 1. Le troc.

La forme la plus simple de l'échange est le troc, marchandise contre marchandise. Aux époques préhistoriques, le troc seul a dû être en usage, et il l'est encore chez les sauvages, où l'on donne une hache pour obtenir un porc, et un clou pour un régime de bananes.

Mais quand les échanges se sont multipliés, en même temps que se spécialisaient les occupations, on a eu recours, pour accomplir les échanges, à la monnaie; et le troc s'est accompli par deux opérations : la vente et l'achat.

Dans l'*Iliade* (chant VII, vers 468), quand les vaisseaux de Lemnos apportent du vin aux Grecs, « les guerriers, empressés, donnent en échange de l'airain, du fer, des peaux, des bœufs et jusqu'à des esclaves » : c'est le troc primitif.

§ 2. Emploi de la monnaie : Vente ; Achat.

Aristote d'abord, puis le jurisconsulte romain Paulus, ont parfaitement montré l'origine et le rôle de la monnaie. Voici comment s'exprime le philosophe grec :

« La nécessité introduisit la monnaie. On convint de donner et de recevoir, dans les échanges, une matière qui, utile par elle-même, fût facilement maniable dans les usages habituels de la vie ; ce fut du fer par exemple, de l'argent ou telle autre substance, dont on détermina d'abord la dimension et le poids, et qu'enfin, pour se délivrer des embarras des continuels mesurages, on marqua d'une empreinte particulière, signe de sa valeur. Mais la monnaie n'est par elle-même qu'une frivolité, une futilité ; elle n'a de valeur que par la loi, et non par la nature, puisqu'un changement de convention entre ceux qui en font usage peut la déprécier complètement et la rendre tout à fait impropre à satisfaire aucun de nos besoins. » (*Politique* Liv. I, ch. vi.)

Le jurisconsulte Paulus reproduit la même idée, mais avec plus de précision :

« L'origine de la vente et de l'achat se trouve dans les trocs. La monnaie était inconnue, et il n'y avait point de mots pour distinguer la *marchandise* et le *prix* ; mais chacun, suivant les besoins du moment et des circonstances, troquait ce qui lui était inutile contre ce qui lui était utile, car il arrive souvent que l'un a en excès ce qui manque à l'autre. Mais, comme il ne se rencontrait pas toujours ni facilement que tu possédasses exactement ce que je désirais avoir, et que, réciproquement, je pusse offrir ce que tu voulais accepter, une matière fut choisie dont la valeur légale et perpétuelle obviât aux difficultés du troc, par l'égalité de la quantité. Cette matière, marquée d'une empreinte officielle, tire son usage et sa puissance de payement, non de sa substance, mais de sa quantité. Depuis lors, les deux choses échangées ne sont plus appelées *marchandise*, mais l'une d'elles seulement ; l'autre se nomme *prix*[1]. »

Isidore de Séville (*Orig.*, XVI, 17) résume la doctrine de l'antiquité en ces termes : « Il y a trois choses essentielles dans la monnaie : la matière, la loi et la forme. En l'absence de l'une d'elles, il n'y a plus de monnaie. »

Par la vente et l'achat on arrive toujours, en définitive, à troquer marchandises contre marchandises ou contre services. J'ai besoin de nourriture, de vêtements et des services du docteur, de l'avocat, du juge ou du professeur. En échange, j'ai à offrir les objets que je produis ou les services que je puis rendre. Le troc a lieu, et des deux parts les bes ins sont satisfaits.

---

[1] Le texte latin est un modèle si parfait du langage juridique, que nous croyons utile de le citer ici.

« Origo emendi, vendendique a permutationibus cœpit. Olim enim non ita erat nummus ; neque aliud *merx*, aliud *pretium* vocabatur, sed unusquisque, secundum necessitatem temporum ac rerum, utilibus inutilia permutabat, quando plerumque evenit, ut, quod alteri superest, alteri desit. Sed quia non semper, nec facile concurrebat, ut, quam tu haberes quod ego desiderarem, invicem haberem quod tu accipere velles, electa materia est, cujus publica ac perpetua estimatio difficultatibus permutationum, æqualitate quantitatis subveniret : eaque materia, forma publica percussa, usum, dominiumque non tam ex substantia præbet, quam ex quantitate. Nec ultra *merx* utrumque, sed alterum *pretium* vocatur. » (Digeste, XVIII, I.)

Au fond, la circulation de la richesse, qui s'accomplit par la monnaie ou par les « remplaçants » de la monnaie, aboutit à une série de trocs que le droit romain définit ainsi :

1° *Do ut des* « je donne pour que tu donnes »; exemple : du blé pour du vin.

2° *Do ut facias* « je donne pour que tu fasses » : voilà de l'argent, instruis mon fils.

3° *Facio ut des* « je fais pour que tu me donnes » : je travaille pour toi, mais tu me nourriras.

4° *Facio ut facias* « je fais pour que tu fasses » : je plaiderai pour toi, mais tu me feras mes habits.

§ 3. Comment l'échange augmente le bien-être.

L'échange contribue énormément à l'accroissement de la richesse : premièrement, d'une façon indirecte, car il permet la spécialité du métier et la division du travail, dont nous avons indiqué les merveilleux effets; secondement, d'une façon directe, car il augmente l'utilité des choses, en faisant arriver chaque objet aux mains de celui à qui il peut être le plus utile.

Un cultivateur a un cheval trop léger pour labourer; un médecin de campagne possède un cheval trop lourd pour faire ses visites : ils échangent. Le cultivateur trace plus facilement ses sillons, et le médecin fait plus rapidement ses courses. Chacun est mieux pourvu et gagne davantage. La richesse est accrue.

Aux époques primitives, chaque groupe de familles produit presque tout ce qu'il consomme. Aujourd'hui, des échanges incessants se font: de métier à métier, des campagnes à la ville, de province à province, de pays à pays, de continent à continent. Le plus pauvre ouvrier consomme le produit des deux mondes.

La laine de ses habits vient de l'Australie; le riz de sa soupe, des Indes; le blé de son pain, de l'Illinois; le pétrole de sa lampe, de la Pennsylvanie; son café, de Java; le coton des vêtements de sa femme, de l'Égypte ou de l'Alabama; son couteau, de Sheffield; sa petite glace, d'Allemagne; la soie de sa cravate, de France, et sa toile, des Flandres.

A mesure que se perfectionnent les moyens de communication et la mécanique de la circulation des biens, le nombre des échanges s'accroît.

On peut donc dire que le progrès de la civilisation économique se mesure aux progrès de l'échange.

CHAPITRE II.

VENTE. — ACHAT.

§ 1. Le prix.

Le prix, dans un sens large, est tout ce que l'on obtient en échange d'un objet. Dans le sens usuel, c'est la quantité de numéraire que l'échange procure.

Le prix d'une chose est déterminé par la concurrence qui s'établit entre ceux qui veulent la vendre et ceux qui désirent l'acheter, c'est-à-dire par ce qu'on appelle la *loi de l'offre et de la demande.*

L'offre d'une marchandise est toute la quantité qu'on en désire vendre; la demande, toute la quantité qu'on en désire acheter et qu'on peut payer. Quand l'offre dépasse la demande, les prix baissent. Quand la demande dépasse l'offre, les prix haussent.

Beaucoup de bétail au marché et peu d'acheteurs : les prix baissent. Peu de bétail et beaucoup d'acheteurs : les prix haussent.

§ 2. L'offre et la demande, et le coût de production.

La demande d'un objet est déterminée par le besoin, ou, ce qui revient au même, par l'utilité qu'a l'objet de satisfaire un besoin. L'offre dépend de l'abondance ou de la rareté de l'objet demandé. Un objet est rare, soit parce qu'il est difficile ou coûteux de le produire, comme un chronomètre, soit parce qu'il existe en petite quantité dans la nature, comme le diamant.

La demande du blé est très intense, puisqu'il répond à un besoin de première nécessité. Cependant il n'est pas cher, parce que l'offre en est toujours abondante, et elle l'est, parce qu'il n'est pas coûteux de produire du blé.

Cependant, si le blé vient à manquer, comme dans une ville assiégée, on donnera tout pour en avoir. Il en résulte qu'un petit manquant dans la récolte suffit pour augmenter beaucoup les prix.

Ceci montre que l'offre des choses que l'on peut produire à volonté dépend du coût de production.

On a appelé ce qui est nécessaire pour couvrir les frais ou le coût de production, le « prix nécessaire » ou « naturel ».

Voici pourquoi : si le prix courant tombe au-dessous de ce prix nécessaire, le producteur en perte cesse de produire ; les objets deviennent plus rares et, par suite, le prix s'élève jusqu'à ce qu'il couvre les frais de production.

Si le prix courant s'élève au-dessus du coût de production, le bénéfice exceptionnel de la fabrication attire les capitaux, et, la production augmentant, le prix baisse.

Le prix courant est tantôt au-dessus, tantôt au-dessous du prix nécessaire, mais il tend toujours à s'en rapprocher.

Pour les choses dont on ne peut augmenter la quantité à volonté, il s'établit un prix de monopole, et alors ce prix dépend uniquement de la demande. Que vaut un tableau de Rubens.? Ce que la concurrence des amateurs forcera le plus acharné à donner, car on ne peut en faire faire à aucun prix.

Pour les objets que l'on peut multiplier, mais avec des frais croissants à mesure qu'on en produit davantage, le prix nécessaire sera égal aux frais de la partie de ces objets qui auront coûté le plus cher. Si ces frais n'étaient pas couverts par le prix de vente, on cesserait de les produire.

Supposons que le coût de production de la houille soit de quatre francs la tonne, dans certains charbonnages, et de sept francs dans d'autres : quel sera le prix nécessaire ? Il sera au moins de sept francs ; car, s'il faut demander du charbon aux charbonnages moins favorisés, parce que les autres ne peuvent satisfaire la demande, il faut nécessairement que le prix de vente s'élève assez pour payer les frais de production de ce charbon plus chèrement produit.

Il en est de même pour le blé et pour toutes les choses qu'on ne peut produire en quantité plus grande qu'avec des frais plus grands.

Ainsi que nous l'avons vu, les fonds productifs les plus favorisés, vendant au même prix et ayant moins à dépenser, font des bénéfices exceptionnels, d'où naît la rente.

§ 3. Le juste prix.

L'antiquité et le moyen âge ont parlé d'un juste prix. *justum pretium*, c'est-à-dire d'un prix proportionné à la valeur de l'objet.

La base équitable de l'échange doit être l'égalité de valeur entre les objets échangés. Si je donne pour cent francs une génisse qui en vaut deux cents, je suis lésé; celui qui l'obtient s'enrichit à mes dépens. Quand la lésion dépassait la moitié de la valeur, le droit romain admettait la rescision de la vente, et le droit français a consacré le même principe.

Platon condamne ceux qui voudraient vendre du blé plus cher qu'il ne vaut, en cachant l'arrivée d'un navire qui en diminuera le prix, et saint Augustin blâme ceux qui ne songent qu'à vendre cher et à acheter à bon marché, *vili velle emere et caro vendidere.* (*De Trinit.*, XIII, 3).

Les économistes modernes n'admettent pas la notion du *juste prix.* D'après eux, le prix accepté par les deux parties est toujours juste.

C'est qu'ils font dériver le droit de la convention, tandis qu'en réalité la convention doit se conformer au droit.

De ce dernier principe découlent ces maximes de la probité pratique, acceptées par les marchands honnêtes : il faut toujours « donner à chacun pour son argent » et ne jamais tromper sur la qualité de la marchandise.

§ 4. Utilité des bourses.

Puisque le prix résulte du rapport qui s'établit entre l'offre et la demande, le moyen de fixer au mieux le prix est de mettre en rapport tous ceux qui offrent et tous ceux qui demandent.

C'est ce que font les foires et les bourses.

Que puis-je obtenir de ce sac de blé que je viens de récolter? je l'ignore. De là, dans les ventes faites isolément, des débats sans fin. Mais réunissez, en un même lieu, tous ceux qui désirent vendre leur blé et tous ceux qui veulent en acheter : aussitôt, de la concurrence des uns et des autres résultera un prix courant, et alors des transactions énormes s'accompliront en un moment et sans difficultés.

Les bourses et les foires sont donc des institutions qui ont pour but et pour effet la meilleure application de la loi de l'offre et de la demande.

CHAPITRE III.

§ 1. Nature et fonctions de la monnaie.

La monnaie est l'objet ou les objets que l'usage et la loi fait employer comme moyen de payement, instrument d'échange et commune mesure des valeurs.

Le jurisconsulte Paulus nous a montré comment la difficulté de troquer des marchandises contre des marchandises a fait recourir à l'emploi, dans les échanges, d'un intermédiaire au moyen duquel on achète et l'on paye.

La monnaie est ainsi l'agent de la circulation, le véhicule de l'échange. Elle fait passer la propriété d'un objet d'une personne à une autre; de même qu'un chariot transporte un objet d'un lieu dans un autre.

Comme l'a fait remarquer un économiste américain Dana Horton (*La monnaie et la loi*, p. 14), dès l'origine des sociétés barbares, la loi ou la coutume établit des tributs, des amendes, des compositions, des prestations, et détermine au moyen de quels objets on s'en acquittera. La monnaie est donc un moyen légal de payement.

La monnaie est en même temps l'équivalent universel. Quand je vends une marchandise vingt francs, les
vingt francs que je reçois sont l'équivalent de la marchandise que je livre ; et au moyen de ces vingt francs
de monnaie je puis obtenir, à mon tour, valeur égale
en choses utiles. « Une pièce d'or, dit Adam Smith,
peut être considérée comme une traite, pour une
certaine quantité de marchandises, payable chez les
fournisseurs du voisinage. »

La monnaie est aussi une commune mesure ou étalon des valeurs. Il est difficile de comparer directement
la valeur relative des objets. Combien de blé vaut ce
mouton? L'évaluation comparée devient facile par l'emploi d'un évaluateur commun, la monnaie. C'est ainsi
que l'on compare la longueur des objets, au moyen du
mètre, étalon des mesures, et leur poids, au moyen du
kilogramme, étalon des poids. Seulement l'objet au
moyen duquel on mesure la valeur comparée des marchandises, étant lui-même une marchandise, équivalent universel, sa valeur varie comme celle de tous les
biens.

Pour les valeurs il n'y a donc pas d'étalon stable
comme pour les longueurs et pour les poids.

Ce qui est désirable, c'est d'en adopter un aussi stable
que possible

La monnaie, par sa valeur très durable et très généralement admise, permet d'accumuler la richesse, de la
transporter d'un pays dans un autre et de génération
en génération. Elle est donc un moyen de conservation
et de transmission de la richesse, dans le temps et dans
l'espace. C'est grâce à la monnaie que se sont établies
la division du travail et la dépendance réciproque des

métiers et des fonctions. Elle est donc le lien de la société humaine.

§ 2. Différentes espèces de monnaie.

Des objets de toute sorte ont été employés comme monnaie : des fourrures en Sibérie, des cubes de sel, des coupons de coton bleu ou des coquillages (cauris) en Afrique, du fer à Sparte; jadis, presque partout, des têtes de bétail.

Dans le *Rig-Veda*, dans le *Zend-Avesta*, dans Ho·· mère, les objets sont estimés en têtes de bœufs. Les armes de Diomède valent neuf bœufs, et celles de Glaucos cent (*Iliade*, VI, 234). Le tripode donné en prix aux lutteurs dans le chant XXIII de l'*Iliade* est estimé douze bœufs, et une esclave, habile ouvrière, quatre (Gladstone, *Juventus mundi*, p. 534). Les tributs que les Francs vainqueurs imposaient aux Saxons étaient comptés en bœufs. Notre mot « pécuniaire » (*pecunia*) vient de *pecus* « bétail », de même que le mot « pécule » petit trésor[1]. Le mot anglais *fee* (*feoh* en saxon) signifie « rétribution »; le mot scandinave *fä* « richesse » est identique. Le mot grec κτῆμα si· gnifie « propriété » et « troupeau »; le mot gothique *Skatts*, à la fois « trésor » et « troupeau »; *Schatz*, en allemand, « trésor »; *Sket*, en frison, « bétail ». En hébreu, *kassaph* signifie « mouton » et « mon-

---

[1] « Il n'est pas étrange, dit le commentateur Festus, que ces mots d'usage si fréquent dérivent du bétail. Chez les anciens, c'est en bétail principalement que consistaient les richesses et les patrimoines, de telle façon que nous disons encore *pecunia, peculium*. »

naie »; *gamal*, « chameau » et « rétribution »; *Mik-nèh*, de la racine *kana* « créer, » troupeau et acquisition ou prix d'achat. Le sanscrit *rupya* (roupie, monnaie de l'Inde) dérive de *rûpa* « bétail ».

La monnaie en métal a été employée d'abord comme représentant la monnaie en bétail, car nous voyons, dans l'*Agamemnon* d'Eschyle, que les pièces portaient l'empreinte d'un bœuf. Il en était de même pour l'as romain.

Lorsque, à mesure des progrès de la civilisation, les échanges sont devenus plus fréquents, les monnaies ont été faites exclusivement en or et en argent. L'emploi simultané universel de ces deux métaux provient de ce qu'ils possèdent, plus que toute autre substance, les qualités que doit réunir une bonne monnaie. Ces qualités sont les suivantes :

1° L'or et l'argent se conservent parfaitement sans se détériorer. Monnayé, fondu, remonnayé, l'or recueilli par les Grecs et les Romains circule encore, en partie, parmi nous.

2° La production des métaux précieux est restreinte par la rareté des minerais. Il s'ensuit qu'ils ont une grande valeur relativement à leur poids, ce qui facilite leur maniement, leur transport et leur thésaurisation.

3° Augmentée par la production annuelle, diminuée par les pertes accidentelles et l'usure, la masse des métaux précieux, dont la valeur tant en monnaie qu'en objets d'ornement, est estimée environ 50 milliards, s'accroît lentement, presque dans la même proportion que l'accroissement des besoins monétaires résultant de l'augmentation de la population et du total des échanges dans le monde. L'offre et la demande se faisant ainsi à peu près équilibre, leur valeur reste très stable.

4° Cette masse de métaux précieux amortit les variations de valeur qui pourraient résulter des variations dans la production annuelle, de même que le niveau des eaux d'un grand lac est peu influencé par les changements de débit des rivières qui s'y jettent.

5° Les métaux précieux sont recherchés et acceptés par tous, ce qui est la qualité indispensable d'un objet qui doit servir de moyen général d'échange. Ils sont reçus dans tous les pays civilisés. Ils peuvent donc servir de moyen de payement universel.

6° Ils sont facilement divisibles, et chaque partie a une valeur proportionnée à son poids.

7° Ils reçoivent et conservent parfaitement l'empreinte qui fait connaître leur origine, leur valeur nominale, et ainsi leur poids en métal fin.

8° Ils sont facilement reconnaissables : l'or, par son poids; l'argent, par le son.

De toutes les qualités de la monnaie, la plus essentielle est la stabilité de la valeur, parce qu'un changement dans sa valeur affecte tous les contrats.

§ 3. Valeur de la monnaie.

La valeur de la monnaie se mesure par la quantité d'objets qu'elle procure, c'est-à-dire par sa puissance d'acquisition.

Au moyen âge, on achetait un hectolitre de blé avec l'argent fin contenu dans cinq de nos francs. Aujourd'hui on n'en obtient que le quart. L'argent ne vaut donc plus que le quart de ce qu'il valait avant la découverte de l'Amérique.

La valeur des métaux précieux a tant diminué, malgré l'énorme accroissement de leur emploi, parce que leur masse et leur production annuelle ont considérablement augmenté.

On estime la masse d'or et d'argent, existant en Europe, en l'an 1500, à deux milliards, et leur production annuelle, à environ vingt-cinq millions. La masse actuelle doit être maintenant de 50 à 60 milliards dans le monde entier, et la production annuelle, de 900 millions environ.

La valeur de la monnaie dépend, comme celle de tout autre objet, du rapport entre l'offre et la demande.

L'offre résulte de la quantité de monnaie qui circule et de la rapidité de la circulation. Si chaque franc opère trois achats en un jour, il faudra trois fois moins de francs pour effectuer une même quantité d'échanges que si ce franc ne changeait de mains qu'une fois. L'offre et l'action utile d'une même masse de monnaie seront ainsi triplées.

La demande de la monnaie résulte de la quantité d'échanges à accomplir au moyen du numéraire.

L'offre de la monnaie augmente-t-elle plus que la demande, sa valeur diminue, et les prix haussent.

La demande de la monnaie, c'est-à-dire la quantité des échanges réclamant un payement en numéraire, augmente-t-elle plus que la quantité de la monnaie en circulation, la valeur de la monnaie s'élève et les prix baissent.

La quantité de la monnaie et la quantité des échanges augmentent-elles parallèlement, mais parvient-on, en même temps, à accomplir certaines transactions sans recourir au numéraire, son emploi diminue, l'offre en augmente, les prix haussent.

Les objets d'ornement en or et en argent n'agissent pas sur les prix comme offre, mais comme demande de monnaie; car, pour vendre et acheter ces objets, il faut du numéraire.

Les métaux précieux en lingots n'agissent sur les prix que quand ils sont représentés par des billets remplissant les fonctions de la monnaie.

Le coût de production des métaux précieux n'agit sur leur valeur que dans la mesure où il contribue à en modifier la quantité et par conséquent l'offre.

§ 4. L'abondance de la monnaie est-elle un avantage ?

Il n'y a aucun avantage pour l'humanité ou pour un pays isolé à posséder beaucoup de monnaie.

On peut accomplir autant d'échanges avec peu qu'avec beaucoup de monnaie, parce que, les prix diminuant en proportion de la diminution de la quantité du numéraire, l'unité monétaire échangera d'autant plus d'objets qu'elle est plus rare et qu'ainsi elle a plus de valeur.

Supposez que l'humanité possède deux fois plus de monnaie qu'aujourd'hui. Elle n'en sera pas plus riche, car elle n'aura pas plus de choses utiles, ni de jouissances réelles. La situation de chacun sera ce qu'elle était auparavant. Seulement, toutes choses restant les mêmes, les prix auront doublé : on payera deux francs ce qu'on payait un franc, et tous les biens seront évalués en argent deux fois plus haut, ce qui n'est un avantage pour personne.

Mais un changement dans la valeur de la monnaie, pendant qu'il s'accomplit, apporte un grand trouble dans les relations juridiques et économiques, parce que toutes les dettes et tous les contrats sont basés sur des prix qui changent.

Cultivateur, je dois à l'État vingt francs d'impôts, et à un créancier hypothécaire vingt francs d'intérêt. Si l'hectolitre de blé vaut vingt francs, je m'acquitte de ces deux obligations avec deux hectolitres. Si le numéraire et, par suite, les prix diminuent de moitié, pour payer ce que je dois, il me faudra livrer quatre hectolitres.

Une diminution absolue ou relative de la monnaie, abaissant les prix, a donc pour conséquence momentanée de contracter le mouvement des échanges et l'activité de la production, et pour résultat définitif d'accabler les débiteurs.

L'accroissement de la monnaie, augmentant les prix, a pour effet de stimuler les échanges et la production, et de soulager les débiteurs.

C'est ce qui a fait dire à M. Dupont-White que Christophe Colomb avait rapporté d'Amérique la quittance des anciennes dettes; et, à M. P. Leroy-Beaulieu, que la France aurait fait banqueroute sans l'augmentation extraordinaire de la production de l'or, après 1848. (*Science des finances*, II, p. 323.)

Il est désirable que la monnaie conserve une valeur aussi stable que possible, et il en sera ainsi tant que la quantité en augmentera dans la même proportion que le nombre des échanges à opérer au moyen de numéraire.

§ 5. Systèmes monétaires.

Dans les temps primitifs, comme encore aujourd'hui dans beaucoup de pays, en Chine, par exemple, on se sert des métaux précieux, comme moyen d'échange, en les pesant. Chez les Romains, au début, l'as était l'unité de poids et l'unité de monnaie. Nos systèmes monétaires dérivent de celui de Charlemagne, où la *livre* d'argent était l'unité monétaire.

Afin de faciliter leur emploi, l'État a frappé des disques d'argent et des disques d'or, en spécifiant leur poids, leur teneur en métal fin, leur nom et, par conséquent, leur valeur légale, c'est-à-dire leur puissance légale de payement.

Faut-il payer une certaine somme, il n'est plus nécessaire « d'essayer » le métal et de le peser ; il suffit de compter un certain nombre de pièces. De là le terme de *numéraire* ce qui sert à compter.

Afin de rendre les pièces d'or et d'argent plus dures et par conséquent moins sujettes à l'usure, on ajoute au métal fin une certaine proportion de cuivre : c'est l'*alliage*. La proportion entre le métal fin et l'alliage est le *titre*. Nos monnaies principales sont au titre de neuf dixièmes *de fin*, ce qui veut dire qu'elles contiennent un dixième d'alliage. Une pièce est dite de *bon aloi* quand elle est au titre légal.

L'unité monétaire est la pièce d'or ou d'argent, dont les autres pièces sont les multiples ou les sous-multiples. Chez nous, c'est le franc ; en Angleterre, la livre sterling ; en Allemagne, le marc ; en Hollande, le florin ; aux États-Unis, le dollar.

Parmi les pièces de monnaie, il en est qui ont cours légal pour tout payement sans limites : ce sont les monnaies-étalons.

Les autres pièces, d'un titre inférieur, n'ont cours légal que pour les petits payements : ce sont les monnaies divisionnaires ou d'appoint.

Pour les menus payements, il est émis de la monnaie de *billon*. Elle est ordinairement en bronze ou en nickel.

L'ensemble des lois et règlements concernant la monnaie constitue le système monétaire.

Autrefois les souverains : monarques, cités, évêques, seigneurs, se réservaient le droit de « battre monnaie », parce que, l'émettant pour une valeur nominale supérieure à la valeur du métal qu'elle contenait, la différence entre les deux valeurs, appelée *seigneuriage*, était pour eux un bénéfice, et ainsi une source de revenu.

Les souverains ont, à différentes reprises, abusé de ce droit de battre monnaie, pour en diminuer la valeur, soit en diminuant la quantité de métal fin contenu dans les espèces, soit en leur attribuant une plus grande valeur légale. Si, avec l'argent d'une pièce d'une livre, on frappe deux pièces d'une livre, en y ajoutant de l'alliage, ou si l'on déclare qu'une pièce d'une livre sera dorénavant reçue pour deux livres, tous les payements seront réduits de moitié. C'est la façon dont les États faisaient banqueroute autrefois.

Philippe le Bel était appelé le faux-monnayeur, parce qu'il avait fait grand usage de ce moyen de diminuer ses dettes. Aussi Dante (*Parad.*, cant. XIX, v. 118-120) le place dans l'Enfer :

> Li si vedrà il duol che sopra Senna
> Induce, falseggiando la moneta,
> Quei che morrà di colpo di cotenna.

« Là, on verra la douleur que fit éprouver sur les bords de la Seine, en falsifiant la monnaie, celui qui mourra frappé par un pourceau. »

Plutarque rapporte que, pour soulager les débiteurs, Solon décréta que la mine vaudrait à l'avenir cent drachmes, au lieu de soixante-treize, « de manière, ajoute notre auteur, que ceux qui devaient des sommes considérables, en donnant une valeur égale en apparence, quoique moindre en réalité, gagnaient beaucoup, sans rien faire perdre à leurs créanciers ». Plutarque énonce ici l'erreur qui a présidé à toutes les émissions de monnaie « diminuée » et de papier-monnaie déprécié ; nul ne semble perdre parce que tous les payements se font aussi bien avec les pièces réduites en valeur qu'avec les anciennes. Seulement les prix montent à proportion que l'unité monétaire perd de sa valeur.

En France, il est facile de mesurer la réduction de valeur de l'unité monétaire, qui est résultée des « diminutions » successives décrétées par les souverains. La livre, monnaie de Charlemagne, était un poids d'une livre en argent et valait environ 66 francs. A la fin du XVIIIe siècle, la livre ne valait plus que 99 centimes.

Quand on veut bien comprendre les passages des historiens où il est question de sommes de monnaie et de prix, il faut, premièrement, savoir quelle quantité d'or ou d'argent représentaient ces sommes, à l'époque dont il s'agit, et, secondement, quelle quantité de marchandises on pouvait obtenir pour un certain poids du métal monétaire

Ainsi en Grèce, du temps de Solon, la drachme valait environ 92 centimes et était le prix d'un médimne de blé, qui contenait 52 litres.

A Rome, la loi Papinia *De Multarum æstimatione* (430 av. J.-C.), qui transforma en sommes de monnaie les anciennes amendes en bétail, fixe la valeur d'un mouton à dix as, et celle d'un bœuf à cent as. Comme l'*as libralis*, composé d'un alliage de cuivre, d'étain et de plomb, correspondait à 56 de nos centimes, le prix d'un mouton était de 5 francs 60 centimes, et celui d'un bœuf de 56 francs.

Actuellement, dans les pays civilisés, la frappe de la monnaie-étalon est libre. Chacun a le droit d'apporter à l'Hôtel des monnaies le métal monétaire, en quantité illimitée, et de recevoir en échange un poids égal en métal fin, converti en espèces, sous déduction des frais de fabrication ou de *brassage*, et même sans aucune déduction, en Angleterre. Ce sont donc les particuliers qui font battre monnaie, mais conformément au tarif fixé par la loi. D'après ce tarif, on délivre en France et dans l'Union latine, pour un kilogramme d'or à neuf dixièmes de fin, 3100 francs, et pour un kilogramme d'argent au même titre, 200 francs. La frappe libre de l'argent est suspendue en ce moment. En Angleterre, on obtient 3 livres sterling 11 shillings et 10 deniers 1/2 pour une once d'or à onze douzièmes de fin.

L'État se réserve de frapper les monnaies divisionnaires, pour deux motifs : d'abord parce que leur valeur intrinsèque est inférieure à leur valeur nominale, et, en second lieu, parce qu'il n'en faut qu'une quantité limitée, leur cours légal étant limité.

Le monnayage libre des deux métaux a été introduit en Angleterre dès 1666, et, en France, par la loi du 7 germinal an XI (1803).

Le système monétaire en vigueur dans les pays qui, en 1865, ont formé l'Union monétaire latine (France, Italie, Suisse et Belgique), admet, en principe, comme monnaie-étalon, toutes les pièces d'or et les pièces de cinq francs. Les autres pièces d'argent sont à un titre inférieur : 835 millièmes de fin. Elles n'ont cours légal, en chaque payement, que jusqu'à concurrence de cinquante francs, et les États associés ne peuvent en émettre que dans la limite de 6 francs par habitant.

Le billon est fait de bronze, en France et en Italie, et de nickel en Suisse et en Belgique. Il est destiné aux menus payements; il ne doit être accepté que jusqu'à concurrence de 5 francs.

Une clause excellente est celle qui stipule que les pièces divisionnaires et de billon peuvent être échangées, dans les caisses publiques, contre des pièces étalons, quand on les offre pour une somme déterminée par la loi. Ainsi la quantité de petite monnaie ne peut jamais être trop grande, puisque ce qui excède les besoins peut être converti en monnaie principale.

§ 6. La monnaie monométallique et la monnaie bimétallique.

Le système monétaire de l'Union latine est appelé *système du double étalon ou bimétallique*, parce qu'il permet, en principe, la frappe libre et illimitée des pièces d'or et d'argent, auxquelles il accorde le privilège du cours légal, c'est-à-dire le droit d'être reçu en tout payement, toute dette étant présumée, par la loi, payable en espèces ayant cours légal.

Le système monométallique n'accorde la frappe libre et le cours légal illimité qu'aux monnaies soit d'or, comme en Angleterre, soit d'argent, comme en Autriche.

Le système monométallique est plus simple, et le rapport de valeur entre les différentes pièces de monnaie est fixe, puisqu'elles sont faites du même métal. Mais le rapport de valeur entre la monnaie et les marchandises dont elle doit opérer l'échange est plus variable quand la monnaie est monométallique, que quand elle est bimétallique. En effet, de même qu'un pendule compensé, fait de tiges de deux métaux dont les dilatations inégales se compensent, est moins variable, ou que le débit d'un fleuve qui reçoit deux affluents est plus régulier, ainsi un système monétaire alimenté par l'afflux simultané des deux métaux précieux est plus stable, parce que la masse monétaire totale est plus considérable et parce que la diminution dans la production de l'un des deux métaux peut être compensée par l'accroissement de la production de l'autre.

§ 7. La loi de Gresham et la loi de Newton.

Un grand inconvénient de la monnaie bimétallique résulte de ce que l'on appelle la loi de Gresham. Sir Thomas Gresham, conseiller de la reine d'Angleterre Élisabeth, a montré (1558) que la monnaie qui a le moins de valeur chasse toujours celle qui en a le plus, celle-ci étant exportée. Aristophane fait la même remarque dans *les Grenouilles* (V. 718), à propos d'Athènes : « Dans notre république, dit-il, les mauvais citoyens sont préférés aux bons, de même que la mauvaise monnaie circule, alors que la bonne se cache. »

Newton a indiqué, dès 1717, le moyen d'obvier aux fâcheux effets de la loi de Gresham : c'est d'établir dans tous les pays le même rapport de valeur entre l'or et l'argent. « Alors, dit-il, il n'y aura point de motif pour exporter l'un des deux métaux de préférence à l'autre. » Cette loi économique formulée, comme celle de la gravitation, par le grand astronome, devrait servir de base à une union monétaire des États civilisés, qui rendrait plus intimes les relations et la solidarité des nations associées. C'est un point que M. Cernuschi a parfaitement mis en lumière.

Jusqu'à ces derniers temps l'argent a toujours été employé comme monnaie principale.

En français, le mot « argent » est même synonyme de monnaie.

L'argent est, en effet, le meilleur métal monétaire, parce que sa valeur est plus stable, ce qui est la qua-

lité essentielle que doivent avoir le moyen légal de payement et la commune mesure des valeurs.

La valeur de l'argent est plus stable que celle de l'or,
parce qu'il est exclusivement obtenu de l'exploitation
des mines. La production de l'or, qui est tiré, pour les
trois quarts, des sables aurifères, augmente et diminue
en peu de temps, comme le montre l'histoire. Si l'or
était partout adopté comme monnaie-étalon unique,
les prix seraient soumis à des fluctuations nombreuses
et brusques, ce qui est un grand mal.

§ 8. De la conservation des systèmes monétaires.

Pour conserver le système monétaire dans son inté-
grité, les mesures législatives suivantes sont indispensables :

1° Interdire et punir le fait de fabriquer et d'émettre
de la fausse monnaie, d'imiter ou de rogner la monnaie
légale.

2° Fixer un minimum de poids au-dessous duquel
une pièce perd le privilège du cours légal et peut être
refusée en payement.

3° Retirer de la circulation et remonnayer, soit aux
dépens du dernier porteur, soit aux frais de l'Etat, toutes
les pièces dont le poids est inférieur à ce minimum.

Les pièces s'étant usées au service du public, et non
du dernier porteur, il est plus juste de les remonnayer
aux frais de l'État.

CHAPITRE IV.

LE CRÉDIT.

§ 1. Ce qu'est le crédit.

Le crédit est l'acte de confiance par lequel le détenteur d'une somme d'argent ou de marchandises les livre à un autre, contre promesse de remboursement ou de payement.

Crédit vient du mot latin *credere* « croire ». En effet, si l'on délivre à une personne du numéraire ou des marchandises, à condition qu'elle remboursera la somme prêtée ou qu'elle payera le prix convenu, après un certain temps, c'est parce qu'on *croit* que cette promesse sera remplie.

Celui qui croit à cette promesse et qui a droit au payement est le *créancier*. Celui qui a promis et qui doit payer est le *débiteur*. Ce qui doit être payé est pour le premier une *créance*, pour le second une *dette*. Le temps qui s'écoule jusqu'au moment du payement est le *terme*.

Promesse et confiance en celle-ci, tels sont donc les éléments du crédit. La raison de la confiance est la solvabilité, l'intelligence, l'esprit d'ordre et l'honnêteté.

Les lois qui développent ces qualités et qui assurent l'exécution rigoureuse des engagements ont pour résultat de répandre et d'accroître le crédit.

Ici encore on voit comment les vertus et les bonnes lois favorisent la production de la richesse.

La créance, quand elle est constatée par écrit, donne naissance à différents titres de crédit : billet de banque, billet à ordre, lettre de change, chèque, cédule hypothécaire, obligations de villes, de sociétés industrielles, emprunts d'État.

Le crédit personnel a pour base soit les qualités individuelles, soit la fortune connue ou supposée du débiteur ; le crédit réel, des biens (*res*) qu'il engage ou qu'il donne en garantie. Gage réel est plus sûr que caution personnelle. *Plus est cautionis in re quam in persona*, dit le droit romain, cette « raison écrite ».

§ 2. Les avantages et les effets du crédit.

Le crédit permet au travail, dont il favorise la productivité, d'accroître la richesse; mais il ne la multiplie point par lui-même. Il augmente l'activité des capitaux, non leur quantité.

Tout crédit, en effet, se résume en une promesse ou en un ordre de payement, c'est-à-dire en une signature ; on ne crée pas des capitaux par un trait de plume.

Le crédit semble multiplier les capitaux, parce que, à côté de la chose due, apparaît la promesse qui y donne droit; mais, en fait, il n'y a point deux choses : l'une n'est que l'ombre de l'autre. Brûlez tous les titres de crédit : rien de réel n'a cessé d'exister. Les rapports juridiques seuls ont changé. Les créanciers perdent exactement ce que les débiteurs gagnent.

Une maison se reflète dans l'eau : on dirait deux maisons. Si l'eau se ride, le reflet disparaît; mais ce qui était réel continue à subsister.

Quand j'achète une promesse de cent francs, ce que j'acquiers c'est la propriété future de cette somme et l'intérêt y afférent. Un bien et le titre de propriété de ce bien ne font pas deux choses.

Les effets utiles du crédit sont les suivants :

1° Le crédit apporte au travail le capital dont il a besoin pour produire.

Un homme aux bras vigoureux prend possession d'une terre fertile, mais il lui manque des outils pour la mettre en culture et des provisions pour subsister jusqu'au temps de la récolte : il meurt de faim, et la terre reste improductive. Je lui prête de quoi se procurer outils et subsistance : il se met à l'œuvre, et à la fin de l'année il me rembourse la somme avancée ; désormais il peut vivre des fruits de son travail. Voilà comment le crédit, venant en aide au travail, favorise l'accroissement de la richesse.

2° Le crédit fait valoir les épargnes et empêche ainsi le chômage des capitaux.

En Orient, celui qui fait des épargnes n'ose les prêter, de crainte de les perdre. Il préfère les convertir en pierreries, dont il orne son chibouque, son yatagan ou les harnais de son cheval. Plus prudent encore, il les enfouit, pour les soustraire à la rapacité du fisc. La richesse que crée l'épargne ne sert en rien à la production. Le crédit n'existe pas.

En Écosse, propriétaires, fermiers, manufacturiers,

artisans, tous déposent dans les banques leurs fonds disponibles, et ceux-ci sont immédiatement prêtés aux producteurs. Ainsi nulle parcelle du capital ne chôme. Basé sur l'honnêteté et sur l'amour du travail, le crédit règne et accomplit des merveilles.

3° Le crédit fait passer le capital aux mains de ceux qui peuvent en tirer le meilleur parti.

Le capital nouveau est, pour la plus grande partie, créé par ceux qui, n'exerçant pas d'industrie, ne peuvent en faire un emploi rémunérateur. Le moyen d'en tirer un revenu est de le prêter directement, ou, par l'entremise des banquiers, à ceux qui peuvent en donner le plus fort loyer. Qui en donnera le plus fort loyer? Ceux qui en feront l'emploi le plus productif.

Le crédit transporte donc constamment le capital aux lieux et aux mains où il rapporte le plus.

Il excite par conséquent à épargner, puisqu'il assure à l'épargne une rémunération immédiate et aussi élevée que possible.

4° Le crédit permet d'exécuter immédiatement de grands travaux ou de faire face à des besoins extraordinaires, comme en temps de guerre, en escomptant les revenus ou les produits attendus dans l'avenir. Toutefois, même dans ce cas, le crédit ne crée rien. Il donne seulement la disposition de capitaux préexistants. Il n'y a point, comme on l'a prétendu, anticipation sur l'avenir ou dégagement de capitaux engagés. Ce sont là des métaphores. On ne peut utiliser que des choses qui existent actuellement. En économie politique comme ailleurs, il faut se souvenir du mot si profond de Paul-Louis Courier : « De la métaphore et du malin, préservez-nous, Seigneur. »

5° Le crédit crée des moyens économiques de payement. Il permet ainsi de faire les échanges avec une quantité moindre de monnaie métallique. L'or et l'argent, devenus disponibles, peuvent être livrés à l'industrie ou exportés, en échange d'objets utiles à la consommation ou à la production. Comme l'a dit Adam Smith, le crédit ouvre, pour l'échange des produits, des chemins dans les airs, et ainsi les routes ordinaires, pouvant être mises en culture, produisent un nouveau contingent de denrées alimentaires.

Toutefois cet avantage est en partie plus apparent que réel ; car, soit que l'or et l'argent restent dans le pays, soit que l'on considère le globe entier, les moyens d'échange fiduciaires ajoutés à la monnaie métallique poussent à la hausse des prix.

D'autre part, il est certain aussi que la facilité plus grande des échanges stimulera l'industrie et le commerce, qui, par suite, auront besoin de plus d'instruments d'échange. Et alors il n'y aura ni dépréciation du numéraire, ni hausse des prix.

Voici comment le crédit fait l'office de monnaie. Une personne solvable promet de payer mille francs ; cette promesse, inspirant une entière confiance, est reçue en payement comme mille francs en argent, et, passant de mains en mains, elle règle toutes les transactions aussi bien que la somme en espèces à laquelle elle donne droit et qu'elle représente. Il s'établit ainsi une circulation fiduciaire (*fiducia* « confiance ») à côté de la circulation en numéraire.

Les instruments d'échange fiduciaires ont les avantages suivants :

1° Ils sont encore moins encombrants que l'or.

2° Ils permettent de compter rapidement de grandes sommes.

3° Ils échappent au « frai », c'est-à-dire à l'usure, qui diminue peu à peu le poids des espèces.

4° Ils s'expédient facilement au loin.

5° Quelques-uns peuvent être faits de telle sorte que celui qui les volerait ne puisse en obtenir le payement.

Tous les instruments d'échange fiduciaire reposent sur la monnaie métallique, puisqu'ils donnent droit à toucher des sommes en espèces. Mais tant qu'ils circulent ils remplissent l'office de la monnaie.

§ 3. Les inconvénients du crédit.

La mère dit à son fils : N'achète rien qu'argent comptant; le crédit, c'est la ruine.

Le père dit : Le crédit, c'est la vie de l'industrie; s'il se refuse, c'est la ruine.

Tous deux ont raison. La mère parle du crédit qui active la consommation improductive : il est funeste.

Le père parle du crédit qui active la production : ce crédit est bienfaisant.

Malheureusement les grands emprunteurs, les États, ont recours au premier plus qu'au second. Ils dévorent les capitaux improductivement, dans la guerre et dans les préparatifs de guerre.

Le crédit permettant d'acheter, non seulement avec ce que l'on a, mais aussi avec ce que l'on espère avoir, favorise les spéculations hasardeuses et la surexcitation excessive de l'industrie et du commerce.

§ 4. Les instruments de crédit.

Les instruments de crédit consistent tous dans un titre qui constate les droits des créanciers à l'égard d'un débiteur.

1° *La reconnaissance.* Paul reconnaît devoir 1000 fr. à Jacques et promet de les lui payer.

2° *Le billet au porteur et à vue.* Paul promet de payer 1000 francs à toute personne qui lui présentera le billet, et à l'instant de la présentation ; tel est le billet de banque. Accepté en payement, il éteint la dette, comme la monnaie. Il remplit donc exactement l'office de celle-ci dans la mesure où il est reçu.

3° *Le billet à ordre.* Paul a acheté pour 1000 fr. de marchandises à Jacques. Au lieu de payer comptant, il donne à ce dernier un billet ainsi conçu :

Je payerai à Jacques ou à son ordre la somme de mille francs, payable le 1er juillet 1882.

Ce billet est transmissible. Jacques doit 1000 francs à Pierre. Si Pierre y consent, il le payera, en lui remettant le billet signé par Paul et en l'*endossant*, c'est-à-dire en écrivant au dos de ce billet : Payez à Pierre ou à son ordre.

Chaque fois que le billet passe ainsi de l'un à l'autre, par voie d'endossement, il opère un payement provisoire, qui ne devient définitif que si le billet est payé à l'échéance. Le jour de l'échéance, le dernier porteur doit présenter le billet au débiteur primitif qui l'a créé. Si le débiteur ne paye pas, le refus doit être constaté, au plus tard le second jour après l'échéance, par un acte que l'on nomme *protêt*. Le protêt étant fait en règle, les endosseurs successifs du billet sont respectivement garants du remboursement, jusqu'au premier créancier, Jacques, (le *tireur*) sur qui retombe alors la perte résultant du non-payement.

4° *La lettre de change*. Elle est créée et ensuite transmise par endossement exactement comme le billet à ordre. La forme seule diffère. Ce n'est pas le débiteur qui promet de payer, c'est le créancier qui donne au débiteur l'ordre de payer.

Paris, 1er juillet 1882.

A trois mois, payez à l'ordre de Jean la somme de mille francs.

A M. Jacques, à Bruxelles.   *Signé :*   Paul.
     (*Le débiteur.*)   (*Le créancier.*)

Le grand avantage de la lettre de change, c'est que, lorsqu'elle est « *tirée* » d'une place sur une autre, elle règle les dettes réciproques de ces places, sans envoi de numéraire. Exemple : habitant Bruxelles, je dois payer à Paris 1000 fr. à Pierre. Paul a 1000 francs à recevoir de Jacques à Paris et tire sur lui une lettre pour cette somme ; je l'achète à Paul, qui est ainsi payé, et je l'envoie à mon créancier Pierre. Pierre la présente à Jacques, et quand celui-ci a payé, la créance de Pierre est aussi soldée. Les deux dettes sont payées, et aucune somme d'argent n'a été envoyée d'une ville à l'autre.

Les échanges de pays à pays se règlent de la même façon, presque sans envoi de numéraire. Ainsi les Français payeront les achats faits à des Belges, en leur envoyant des traites tirées par des Français sur des Belges.

5° *Le chèque* est un mandat de payement à vue d'une certaine somme, au profit du porteur.

Quand plusieurs personnes ont le même banquier, les payements peuvent se faire entre elles par chèques et *virements de compte*, de la façon la plus simple. Je dois 1000 francs à Paul : je lui remets un chèque sur notre banquier commun, chez qui nous avons tous deux un compte courant. Le banquier soustrait 1000 fr. de mon *actif*, c'est-à-dire de ce qui me revient, et le porte à l'*actif* de Paul. Ce virement, fait en deux lignes d'écriture, suffit pour opérer le payement.

La Banque de France opère de ces règlements de dettes réciproques entre ses clients pour plus de quarante milliards de francs. A Londres et à New-York, les commis des principales Banques se réunissent tous les jours dans un local appelé *Clearing-House* « maison d'apurement de comptes », et là ils compensent les chèques qu'ils possèdent les uns sur les autres. Ces compensations s'élèvent, à Londres, à une somme de 120 à 130 milliards de francs et à New-York, de 150 à 160 milliards annuellement.

6° *Warrants et certificats de dépôts.* Les *warrants*, certificats de dépôt de marchandises dans un entrepôt public ou dock, peuvent servir de gage au crédit, mais non de moyen de payement. Au contraire, les certificats de dépôt de numéraire et même d'or ou d'argent en lingots servent parfaitement de moyen de payement pour la somme qu'ils représentent.

7° *Les cédules hypothécaires ou lettres de gage.* Ce sont des titres qui représentent une fraction de la créance hypothécaire de la Banque, qui les a émis, sur les biens du débiteur de cette créance. Ils donnent

droit à l'intérêt et au remboursement par tirage au
sort. Le propriétaire emprunteur paye l'intérêt et une
annuité qui est consacrée à éteindre la dette au bout
d'un certain temps.

8° *Les obligations industrielles* sont des titres représentant les dettes contractées par les sociétés industrielles, par les chemins de fer principalement.

Elles donnent droit à l'intérêt annuel ou semestriel
et au remboursement par tirage au sort, souvent avec
prime.

9° *Les obligations des villes* représentent les dettes
des villes. Fréquemment les conditions en sont semblables à celles des titres précédents.

10° *Titres de rentes des différents États.* Ils représentent les dettes des États, résultant de leurs emprunts.

En général, l'État s'engage à payer un certain intérêt,
non à rembourser le capital, à une certaine date, d'où
le nom de « *Dette perpétuelle ou consolidée* ».

Les États qui en ont les moyens remboursent peu
à peu leurs dettes, par voie d'*amortissement*, en rachetant, à la Bourse, des titres qui sont ensuite anéantis.

Les titres de crédit des n°ˢ 7, 8, 9 et 10, représentant
des créances à long terme, ne peuvent faire office de
monnaie. Les autres le font en quelque mesure. Seul le
billet de banque, opérant payement définitif, le fait
complètement.

La monnaie fiduciaire était employée à Carthage.

Dans un dialogue intitulé *Eryxias*, Æschines Socra-
ticus, en discutant la nature de la richesse, rapporte ce
qui suit : « Les Carthaginois se servent de monnaie de
la façon suivante. Dans un petit morceau de cuir est
cousu un objet de la grandeur d'un statère (pièce de

monnaie grecque), mais ceux-là seuls qui ont fait la couture savent quel est cet objet. Une empreinte y est mise, et cela sert de monnaie. Ceux-là sont considérés comme les plus riches, qui ont le plus de ces objets, quoique chez nous ils n'auraient pas plus de valeur que les cailloux de nos montagnes. »

Ce fait nous révèle tout le mystère de la circulation fiduciaire. Des objets dont la quantité est limitée, et qui sont reçus en tout payement, pour une valeur fixée par la loi, remplissent parfaitement l'office d'une somme équivalente de monnaie, car cet office consiste à procurer au détenteur tout ce qu'il désire pour la valeur nominale de ces objets. La monnaie métallique n'a, en plus, que cet avantage de renfermer en elle-même, comme marchandise, la valeur que lui attribue la loi.

§ 5. Les banques.

Les banques sont des institutions qui facilitent les opérations de crédit et la circulation des instruments de crédit.

Les banquiers et les banques fondées par des sociétés doivent posséder un capital propre ; mais ils opèrent surtout en recevant les capitaux des uns pour les prêter aux autres, de différentes manières. Leurs opérations principales sont les suivantes :

1° *Recevoir les dépôts.* Les banques reçoivent en dépôt les capitaux dont leurs propriétaires ne peuvent faire emploi, et elles les prêtent à ceux qui sont à même d'en tirer parti. A cet effet, il faut qu'elles connaissent la solvabilité des emprunteurs.

Le bénéfice de la banque consiste dans la différence entre l'intérêt payé aux déposants et l'intérêt payé par les emprunteurs.

Dans les pays où l'emploi du crédit est bien compris, tous ceux qui ont, chaque jour, des payements à faire déposent des fonds chez leurs banquiers et payent alors, au moyen de chèques, sur ces dépôts. Les dépôts en banque dépassent en Angleterre, huit milliards, et en France, deux milliards. Par ce moyen, les dettes réciproques se compensent et se règlent sans emploi de numéraire.

Voici comment les banques règlent les échanges, sans l'emploi de numéraire ni de billets. Supposons que dans un village chacun ait un compte ouvert chez le même banquier. Le fermier paye son fermage, en en faisant transcrire le montant, de son actif à celui de son propriétaire. Le propriétaire, pour payer le pain fourni à sa maison, en fera passer le prix à l'actif du boulanger. Le boulanger payera le marchand de grains et de farine, et celui-ci, le fermier qui lui vend le blé, de la même façon. Les denrées passent ainsi de main en main, successivement transformées par le travail, depuis leur production jusqu'à leur consommation. La propriété des objets est transmise en même temps, mais sans l'emploi d'un équivalent en argent ou en billets, à chaque échange. C'est le dépôt du fermier, créance sur la banque, qui aura servi, en changeant de propriétaire, à solder les transactions successives, en laissant à chacun la part qui lui revient dans la valeur des produits.

Cet exemple très simple explique le merveilleux mécanisme du crédit, tel qu'il est mis en œuvre en Angleterre et en Amérique.

2° *Ouvrir des comptes courants*. La banque tient pour le client un compte ouvert, avec une colonne pour l'*actif*, et une colonne pour le *passif*. Elle porte à l'actif toutes les sommes reçues, au passif toutes les sommes payées pour son compte, et ces sommes produisent intérêt de plein droit.

3° *Escompter les effets de commerce, c'est-à-dire les billets à ordre, promesses et lettres de change*. Celui qui, ayant vendu des marchandises à terme, est payé, soit par une promesse du débiteur, soit au moyen d'une lettre de change tirée sur le débiteur, peut avoir besoin de transformer ces effets en argent comptant, pour payer ce qu'il doit : ouvriers, loyers, achats de provisions, etc. Si le banquier a foi dans la solvabilité du débiteur et du créancier, qui est aussi responsable du payement final, à cause de l'endossement, il prend l'effet, et en donne la valeur, sous déduction de l'intérêt de la somme ainsi payée, calculé d'après le terme à courir jusqu'à l'échéance, c'est-à-dire jusqu'au jour du payement de l'effet et d'après le taux actuel de l'intérêt. Cette opération s'appelle « l'escompte, » et le taux de l'intérêt est dit « le taux de l'escompte ». Escompter, c'est en réalité acheter la créance représentée par l'effet.

L'escompte est la principale opération de crédit. Tout le mouvement de la production et de l'échange en dépend, parce que industriels et négociants règlent d'ordinaire leurs achats au moyen d'effets de commerce.

En 1881, la *Banque de France* a escompté des effets pour 11 573 979 900 francs, et la *Banque nationale de Belgique*, 2 344 380 effets, pour une somme de 2 034 228 215 francs.

4° *Emettre des billets de banque* En l'an 807, l'empereur de la Chine Hian-Tsong ordonna qu'on déposât au trésor impérial la monnaie d'or et d'argent, et il délivra, en échange, des certificats, qui circulèrent comme moyen d'échange légal, parfaitement reçu par le commerce. On leur donna le nom très juste de *fei-tsien* « monnaie volante ».

La Banque de Venise (fondée en 1171), la Banque d'Amsterdam (1609), la Banque de Hambourg (1629), la Banque de Rotterdam (1635), émirent des certificats de dépôt, représentant, en sommes rondes, la valeur en métal fin des espèces déposées dans leurs caisses. Ces billets, donnant droit à un poids déterminé d'or ou d'argent, étaient préférés, comme moyens de payement, aux monnaies courantes, dont la valeur se modifiait souvent par décret de l'autorité ou par le « frai ». On stipulait les sommes payables en billets de la banque qui faisaient prime.

Aujourd'hui ce titre de crédit est d'un usage général dans tous les pays civilisés, et l'on en a même souvent abusé.

Les billets de banque, payables à vue et au porteur, moyen de payement, sinon légal, au moins partout accepté, sont remis en échange des effets de commerce, qui ne circulent qu'entre personnes qui se connaissent et dont la responsabilité est engagée.

Ces billets sont ordinairement préférés aux espèces métalliques, parce qu'ils sont plus légers et plus commodes pour compter des sommes importantes. Après 1848, en France, l'émission des billets ayant été limitée à un maximum insuffisant pour les besoins des échanges, on payait une prime pour en obtenir.

Les billets de banque émis sont couverts par une encaisse en espèces ou en lingots monétaires, et par les effets de commerce escomptés, qui constituent *le Portefeuille*.

On estime qu'une banque d'émission doit avoir une encaisse égale au tiers de sa circulation fiduciaire. Une loi de 1844 soumet la banque d'Angleterre à une règle encore plus sévère. Toute émission de billets dépassant quatorze millions et demi de livres sterling (362 500 000 fr.) doit être couverte par une somme égale en monnaie légale ou lingots, de sorte que l'instrument d'échange ne peut augmenter que dans la proportion où il le ferait s'il était exclusivement métallique.

La prudence commande aux banques d'émission de maintenir leur encaisse au niveau convenable, en élevant le taux de l'escompte quand les métaux précieux sortent du pays.

Dans les moments de grande crise, les gouvernements décrètent parfois *le cours forcé*. Les banques sont alors autorisées à ne pas rembourser leurs billets à vue, et chacun est forcé de recevoir ces billets non remboursables, en tout payement, pour leur valeur nominale.

Cette mesure extrême a pour but de permettre aux banques tantôt de continuer à prêter leur crédit aux commerçants et aux industriels, ce qui est un bien, tantôt de faire à l'État des avances sous forme de billets imposés au public, ce qui est un mal, mal d'autant plus grand que l'émission de ces billets non remboursables est plus considérable.

Quand la quantité de ces billets dépasse les besoins

de la circulation, ils se déprécient comme tout ce qui est surabondant. La dépréciation se manifeste par la hausse de tous les prix. On peut la mesurer exactement en comparant la valeur de l'unité monétaire en papier à celle de la même unité en métal. Ainsi le rouble russe en argent vaut environ 4 francs; en ce moment, le rouble-papier ne vaut que 2 francs 70 centimes.

En Angleterre, en 1810, pour obtenir une guinée en or ou un poids équivalent de ce métal, il fallait donner une guinée et un quart en papier.

Les billets remboursables sont de la « monnaie de papier ». Celle-ci se maintient nécessairement au pair de la monnaie métallique, car le détenteur, plutôt que de subir une perte, en demanderait le remboursement.

Les billets non remboursables, à cours forcé, sont du « papier-monnaie ». Leur dépréciation n'a d'autre limite que celle de l'excès de leur émission.

L'exemple le plus mémorable est celui des assignats. La république française avait pris possession des biens du clergé et des émigrés, d'une valeur de cinq à six milliards. Pour en faciliter la vente, sur la proposition de Mirabeau, l'État émit des billets appelés « assignats », parce qu'ils étaient « assignés » pour l'achat des biens nationaux. Puisqu'on payait les biens achetés avec ces billets, qui devaient être détruits à mesure qu'ils rentraient, tous les biens vendus, tous les billets eussent été anéantis. Les assignats restèrent au pair jusqu'à la fin de 1792, quoiqu'on en eût émis pour deux milliards de livres. Mais, pour faire face aux besoins de la guerre, on en créa pour environ quarante-cinq milliards. Leur valeur diminua à mesure qu'augmentait la quantité émise. Durant l'été de 1795, cent livres en assignats valaient à peine une livre en argent, et cette valeur variait énormément d'un jour à l'autre. Une paire de bottes se payait 1500 livres.

En juillet 1796, le cours légal des assignats fut supprimé.

L'importante leçon qui ressort de ces faits est celle-ci : la monnaie fiduciaire, fût-elle garantie par des biens-fonds, se déprécie si elle dépasse les besoins de la circulation.

§ 6. Création libre des banques d'émission.

L'émission des billets de banque doit être accordée à toute personne et à toute société qui acceptent la responsabilité de leurs actes; mais elle doit être interdite aux sociétés à responsabilité limitée, parce que celles-ci constituent une exception au droit commun.

Le règlement de la monnaie a toujours été reconnu, et avec raison, comme une attribution de l'État. La quantité de la monnaie influe sur tous les prix, et, par conséquent, sur la situation financière et les relations juridiques de chacun. Or les billets de banque sont une monnaie de papier, agissant sur les prix comme la monnaie de métal.

L'histoire des banques aux États-Unis montre clairement les dangers de la liberté illimitée de l'émission de ces billets.

Le progrès nous a conduits des monnaies locales aux monnaies nationales, et des monnaies nationales aux monnaies internationales. Le même progrès doit se réaliser pour le billet de banque.

L'unité des moyens d'échange a les plus grands avantages, et leur diversité, de grands inconvénients.

CHAPITRE V.

§ 1. Nature des crises.

Les crises sont les maladies du crédit, car les pays qui font peu usage du crédit y échappent. Elles sont tantôt aiguës comme une inflammation, tantôt lentes et insidieuses comme une anémie.

Elles produisent un trouble profond dans l'échange et, par suite, dans la production, occasionnant ainsi de grandes pertes et de nombreuses ruines. On distingue trois espèces de crises :

1° Les crises monétaires et commerciales ;
2° Les crises industrielles ;
3° Les crises de bourse.

C'est un des phénomènes économiques qu'il importe le plus de connaître, car celui qui les connaît, risque moins de perdre et a plus de moyens de gagner.

§ 2. Périodicité des crises commerciales et monétaires.

Depuis un siècle, c'est-à-dire depuis l'époque où l'emploi du crédit s'est généralisé en Angleterre, des crises économiques y ont lieu presque tous les dix ans. En voici les dates: 1763 — 1783 — 1793 — 1803 — 1825 — 1838 — 1847 — 1857 — 1864 à 1866 1873 à 1879.

On a cru voir dans le retour périodique des crises une sorte de loi naturelle. Un économiste mathématicien anglais, M. Jevons, a même prétendu qu'elles étaient déterminées par les taches du soleil, et voici comment. La cause principale des crises est l'exportation du numéraire. Le numéraire est exporté pour payer le blé importé durant les années de mauvaise récolte. Les mauvaises récoltes sont le résultat des étés défavorables, et ceux-ci ont pour cause les taches du soleil.

L'explication est ingénieuse, seulement elle n'est pas conforme aux faits.

La périodicité des crises n'est pas une loi naturelle. Elle s'explique par le retour des circonstances qui les engendrent. La science financière peut nous enseigner les moyens de les conjurer.

§ 3. Physionomie des crises.

Elles éclatent ordinairement à la suite de plusieurs années consécutives de prospérité. Alors les capitaux s'accumulent. Offerts sur le marché, ils font baisser le taux de l'intérêt. L'argent à bon marché stimule l'esprit d'entreprise. Un grand nombre de sociétés sont fondées. Les titres qui représentent le capital de ces sociétés sont très recherchés. Leur prix monte; ceux qui en achètent gagnent vite et gros. Chacun veut acheter pour gagner à son tour, et ainsi la hausse continue et stumule la demande par les bénéfices croissants qu'elle apporte; nul ne perd. Tout ce qu'on touche se transforme en or. C'est le Pactole. Le prix des marchandises s'élève aussi; car tous les gens enrichis consomment davantage.

Ceci est la période « d'expansion ». Elle repose sur l'emploi du crédit sous toutes les formes.

Arrive une circonstance qui absorbe le numéraire, base du crédit, par exemple des importations exceptionnelles de céréales, par suite d'une récolte insuffisante, ou des placements considérables de fonds à l'étranger.

La banque régulatrice élève le taux de l'escompte. Le crédit se resserre. La confiance disparaît. L'inquiétude se répand. La panique se déclare ; chacun veut vendre, et il n'y a plus d'acheteurs. Les prix baissent, baissent toujours. Le crédit se refuse absolument. C'est la période de « révulsion ». Ceux qui ont des payements à faire, ne pouvant plus ni emprunter, ni vendre, sont mis en faillite. Les banqueroutes succèdent aux banqueroutes. C'est la crise. Dans sa violence elle ne dure pas longtemps. La baisse excessive de tous les prix ramène les acheteurs, par suite le numéraire et par suite le crédit. Mais, pour réparer tant de ruines, il faut quelques années : c'est la période de « réparation ». La période d'expansion recommence ensuite, pour aboutir à une nouvelle crise. Cette succession de faits, résultant les uns des autres, explique suffisamment le cycle de neuf à dix ans.

Depuis que les relations commerciales et financières, devenues plus faciles et infiniment plus fréquentes, font, pour ainsi dire, de tous les pays civilisés un seul marché, une crise née dans l'un deux atteint plus ou moins tous les autres, par contre-coup. L'exemple suivant le démontre parfaitement.

La crise de 1857 commença aux États-Unis en septembre. Le 13 octobre, elle arriva au paroxysme. L'escompte monta à 50, à 60 pour 100 : nul ne pouvait plus payer. Toutes les banques suspendirent leurs remboursements. On compta 5123 faillites, avec un passif d'un milliard et demi de francs. La crise atteignit l'Angleterre en novembre et s'y déchaîna aussi avec une violence inouïe. De là elle s'abattit sur Hambourg et les places scandinaves, Copenhague et Stockholm. Elle se fit sentir ensuite successivement dans l'Allemagne du Nord, à Vienne, en Égypte, aux Indes, à Java, et, complétant son tour du monde, au Chili, à Buenos-Ayres et à Rio-Janeiro. Le cyclone financier avait marché, comme ceux de l'atmosphère, d'occident en orient, semant partout des ruines sur son passage.

Ces faits prouvent clairement cette importante vérité : que, pour le mal comme pour le bien, la solidarité du genre humain devient de plus en plus effective.

Les crises lentes sont les conséquences d'une contraction de l'instrument des échanges. Celle qu'on a constatée en Europe et aux États-Unis, de 1873 à 1879, en offre le type. Les prix restent bas. Les bénéfices sont nuls ou minimes. Le capital se forme plus lentement. L'esprit d'entreprise n'est pas stimulé même par la baisse de l'intérêt. La vie économique semble affaiblie.

§ 4. Causes des crises commerciales et monétaires.

Ces crises sont occasionnées par des causes diverses: ouverture d'un nouveau marché; intérêt très bas stimulant les spéculations excessives; mauvaises récoltes, nécessitant des importations exceptionnelles de denrées alimentaires; changement soudain dans les voies du commerce, comme à la fin d'une grande guerre, en 1815 et en 1871.

Ces causes diverses peuvent êtres groupées de la manière suivante:

1° Emploi très général des titres de crédit comme agent de circulation. Les billets de banque, effets de commerce, chèques, dépôts en banque, sont tous des promesses ou des ordres de payement en numéraire, et cependant il n'y en a pas assez, à beaucoup près, pour suffire aux payements à faire. L'immense superstructure du crédit repose donc sur une base métallique très étroite. Les neuf dixièmes des transactions en Angleterre et aux États-Unis, les trois quarts sur notre continent, se règlent au moyen du crédit. Tant que la confiance le soutient, ce mécanisme perfectionné fonctionne admirablement; mais quand le crédit se resserre, tous les agents fiduciaires de la circulation se contractent et les prix baissent. Si la contraction et la baisse sont fortes et brusques, il y a crise.

2° Dans la période d'expansion, un nombre considérable de dettes à court terme sont contractées : souscriptions à des émissions d'actions ou d'obligations non libérées, c'est-à-dire dont il faut verser le capital successivement, grands achats de valeurs et de marchandises à crédit, dans l'espoir que leur prix haussera, nombreux placements à l'étranger, déterminés par la modicité de l'intérêt, etc. Cette masse énorme de dettes basées sur le crédit constitue pour ainsi dire l'élément morbide de la crise.

3° La cause déterminante de la crise est toujours une diminution dans la quantité de monnaie disponible, amenée, tantôt par l'exportation, tantôt par l'absorption intérieure. Cette diminution restreint les ressources des banques qui maintiennent la marche des rouages du crédit. Ceux-ci ne fonctionnent plus comme d'ordinaire ; les échanges et les payements se font mal ou point : il en résulte des pertes, des ruines, des faillites, en un mot la crise.

§ 5. Moyens préventifs et remèdes des crises.

Pour prévenir ou guérir une maladie, il faut en combattre les causes. La nature des causes indique celle des remèdes.

1° Conserver à l'emploi du crédit une base suffisante en numéraire. Les auteurs les plus compétents s'accordent à dire que les États-Unis et l'Angleterre ont dépassé la mesure. La France a moins souffert des crises que ces deux pays, parce que la circulation métallique y est relativement plus considérable.

Les pertes occasionnées par les crises dépassent de beaucoup l'économie faite sur l'emploi du numéraire.

2° Dans les moments d'expansion excessive, restreindre les engagements à terme au lieu de les multiplier.

3° Élever à temps le taux de l'escompte, pour modérer les excès de l'expansion, ou pour rappeler l'argent quand il est parti. L'escompte élevé, déprimant tous les prix, ramène les acheteurs et par conséquent le numéraire.

§ 6. Crises industrielles.

Ces crises ne sont pas générales, comme les précédentes. Elles atteignent tantôt l'une, tantôt l'autre industrie. Plusieurs causes les produisent :

1° Fermeture d'un débouché important, comme en 1864, quand tous les ports des États du sud de l'Union américaine étaient bloqués.

2° Une concurrence nouvelle. L'agriculture de l'Europe occidentale souffre, en ce moment, parce que les Etats-Unis fournissent le blé à très bas prix.

3° Excès de production. Quand une industrie a donné des bénéfices exceptionnels, de nombreux capitaux s'y engagent; trop d'usines nouvelles s'établissent. La production dépasse les besoins de la consommation. Les prix baissant, les moins bien outillés sont ruinés. Il y a crise de « surproduction ».

§ 7. Crises de bourse ou krachs.

On a appelé ce genre de crises *krach*, parce qu'elles se manifestent par un écroulement soudain.

Si l'on veut en connaître la nature et les causes, il faut lire l'histoire du « système » de Law. L'Écossais Law arrive en France en 1715. Par ses connaissances financières et le brillant de son génie, il séduit le Régent, qui met à sa disposition toute la puissance de l'État. Law fonde une banque comme celle d'Angleterre, crée des sociétés commerciales comme celles de la Hollande, monopolise en ses mains tout le commerce avec l'Asie, l'Amérique et l'Afrique, se charge à forfait de la perception des impôts, et rembourse la dette de l'État, qui était de un milliard et demi. Pour faire ces prodigieuses opérations, il émet 624 000 actions de 500 livres, qui, montant à 10 000 livres, représentent une somme de 6 240 000 000 l. et dix sept milliards de billets de banque. Il crée, en même temps, la matière de la spéculation et les moyens de la pousser jusqu'à la démence. On se dispute les actions. Chacun veut en obtenir à tout prix, car quiconque y touche s'enrichit. L'action monte, monte sans cesse et atteint, le 5 janvier 1720, le prix insensé de 18000 livres. L'agiotage crée en quelques jours des fortunes énormes. Tous les prix s'élèvent et chacun s'enrichit. Mais bientôt naît la défiance. L'action baisse; Law veut arrêter la chute, en la rachetant à 9 000 livres, au moyen de billets de banque qu'il émet. La défaveur atteint alors le billet. Le public ne veut plus de papier d'aucune espèce, mais du numéraire. Il n'y en a pas à avoir, car l'argent se cache. Tout s'écroule. Ces amas de titres et de billets, qui ont représenté un moment dix milliards, s'évanouissent avec la confiance qui leur avait donné l'être.

Voici donc en deux mots la physionomie du *krach*. L'engouement du public fait monter une valeur. Si cet engouement est général, la hausse est considérable, continue, et les bénéfices sont énormes. Cela attire les acheteurs. Plus il y a d'acheteurs, plus chacun d'eux gagne, et plus ils gagnent, plus il y a d'acheteurs. La pluie d'or tombe sur tous. Mais, à la moindre hésitation, la baisse se précipite, et tout s'écroule.

Ce magnifique édifice était une *fata Morgana*, créée par le crédit. Le mirage disparaît. Rien de réel n'est anéanti, mais il s'est fait de grands déplacements de richesse. Les habiles sont enrichis et les confiants ruinés.

CHAPITRE VI.

LE LIBRE ÉCHANGE ET LA PROTECTION.

§ 1. La liberté du commerce.

Colbert, demandant à un négociant quel était le meilleur moyen de favoriser le commerce, celui-ci répondit : *Laissez faire ; laissez passer.*

Ce mot, répété par Gournay[1], est devenu le mot d'ordre des partisans du commerce libre, qu'on appelle maintenant le libre échange.

Quoi de plus naturel, en effet, que de permettre à chacun d'acheter et de vendre où il peut le faire le plus avantageusement, soit dans le pays, soit hors du pays.

Qu'un État mette des droits de douane à l'entrée de certaines marchandises étrangères, pour s'en faire un revenu, passe encore, quoique ce soit là un mauvais impôt ; mais qu'on établisse de ces droits sous prétexte

---

1. Jacques-Vincent de Gournay, né en 1712, mort en 1759, « mérite la reconnaissance de la nation, dit Turgot, dans son *Éloge,* pour avoir contribué plus que personne à tourner les esprits du côté des connaissances économiques. » Ses idées ne nous sont connues que par le résumé qu'en ont publié ses admirateurs.

de protéger l'industrie nationale, c'est une mesure inique, et contraire à l'intérêt général.

En forçant les consommateurs à acheter, aux industriels protégés, plus cher qu'ils pourraient le faire au dehors, on impose aux premiers une taxe au profit des seconds, ce qui n'est pas juste. C'est en cela que consiste le système de la « protection ».

Mais c'est, dit-on, pour favoriser le travail et par conséquent les travailleurs. Il y a là deux erreurs.

Première erreur. — Le but de l'économie n'est pas d'augmenter, mais de diminuer le travail. Si je puis obtenir un mètre de toile de l'étranger moyennant une journée de travail, c'est aller contre le but que de me forcer à en dépenser deux.

Pousser à accroître le travail, sans augmenter le produit, c'est ce que Bastiat[1] appelle, avec raison, du sisyphisme, car c'est astreindre l'humanité à un effort sans résultat utile, à l'exemple de Sisyphe, condamné à rouler vers le sommet d'une montagne, un rocher qui retombe toujours. Ce qu'il faut poursuivre, c'est la multiplication des biens et la diminution des efforts.

Seconde erreur. —Ce n'est pas rendre service, c'est nuire aux ouvriers, que de les pousser dans les ateliers de la grande industrie, de par la loi et malgré la nature.

Voyez l'Italie maintenant. Quelle pitié que la douane soit venue arracher ouvriers et ouvrières au travail en plein air, en ce beau pays et sous ce doux climat, pour

---

1. Frédéric Bastiat, né en 1801, mort en 1850, est l'auteur d'un grand nombre d'écrits sur l'économie politique, dont le principal est intitulé *Harmonies économiques*. Il n'a pas découvert de principes nouveaux, et il a même obscurci certaines notions déjà élucidées ; mais, par la clarté et le tour piquant de son style, il a beaucoup contribué à répandre les connaissances économiques.

les atteler, douze et quatorze heures durant, dans de tristes ateliers, au mouvement uniforme des machines.

Le libre échange appliquant aux peuples le principe de la division du travail leur en assure tous les bienfaits. Il accroît ainsi considérablement leur bien-être.

Si, dans une famille, chacun s'emploie à faire ce qu'il fait le mieux, il est clair que le produit total et, par suite, la part de chacun seront aussi grands que possible. Si chacun, au contraire, est forcé, par des restrictions législatives, de consacrer une partie de son temps à un travail pour lequel il n'est pas doué, tous et chacun seront plus mal pourvus.

Appliquez ceci aux nations. Que chacune d'elles consacre ses forces aux travaux que la nature favorise spécialement, et elle apportera à l'échange le plus de produits obtenus avec le moins d'efforts possible, et il s'ensuivra que le bien-être de l'humanité sera accru, en proportion de l'accroissement de productivité du travail de chaque pays.

Un homme qui, voulant se suffire à lui-même, s'efforcerait de confectionner tout ce dont il a besoin, aliments, souliers, habits, meubles et livres, serait évidemment bien mal avisé. Une nation qui l'imiterait serait-elle plus sage?

Si mon terrain, qui est sablonneux, est meilleur pour le seigle que pour le froment, le moyen le moins onéreux d'obtenir du froment n'est pas de le cultiver moi-même, mais de le demander, en échange de mon seigle, à ceux qui ont des terres argileuses. Cette vérité si évidente montre l'absurdité du système protecteur qui m'obligerait, quand même, à cultiver du froment sur du sable.

Mais, disent encore les partisans de la protection, l'étranger nous inondera de ses produits. Crainte vaine : l'étranger ne donnera pas ses marchandises pour rien. En payement des siennes, il voudra avoir les nôtres. Le commerce est toujours un échange de produits contre produits. Autant il en entre, autant il en sort. En entre t-il plus qu'il n'en sort, tant mieux : car alors l'étranger nous paye un tribut, et nous pourrons consommer davantage. En sort-il plus qu'il n'en entre, tant pis : car, dans ce cas, c'est nous qui payons le tribut.

Nous touchons ici à une question difficile : la balance du commerce. Nous la traiterons dans un paragraphe ultérieur.

Les protectionistes veulent vendre beaucoup et acheter peu, afin que l'étranger soit forcé de payer l'excédent de ses achats en numéraire. Quelle contradiction dans ces visées ! Comment les différents pays, échangeant les uns avec les autres, peuvent-ils toujours vendre plus qu'ils n'achètent? C'est évidemment impossible.

La cause principale du progrès en industrie, c'est, nous l'avons vu, la concurrence des industriels, chacun d'eux s'efforçant de fabriquer mieux et surtout à meilleur marché, afin d'accaparer la clientèle. Plus généralement vous appliquez la concurrence, plus le profit sera grand pour tous. Par conséquent ne la limitez pas dans les frontières d'un État; étendez-la de pays à pays.

Le monopole engendre l'inertie, et la protection, la routine. Au contraire, l'industriel, forcé de tout perfectionner, conquerra le marché du monde, en voulant conserver le marché national.

Quel est l'effet d'un chemin de fer reliant deux pays? De faciliter entre eux les échanges.

Quel est l'effet des droits d'entrée mis sur les marchandises étrangères? D'entraver les échanges.

Comment arrive-t-il que les mêmes hommes fassent, au même moment, deux choses dont les effets sont aussi complètement opposés?

Vous dépensez quarante et cinquante millions pour percer un tunnel à travers les Alpes, et aux deux issues de ce tunnel, vous, Italiens, et vous, Français, vous placez un douanier qui, par les taxes qu'il prélève, détruit en grande partie l'utilité de cette merveille de la science de l'ingénieur. Quel inexplicable contradiction !

Un protectionniste conséquent devrait demander la destruction des machines; car machines et libre échange ont exactement le même effet : ils diminuent le travail nécessaire pour obtenir un produit. Grâce à la machine, j'obtiens le charbon à moindres frais; grâce à l'étranger, je puis aussi l'avoir à meilleur compte : le résultat est identiquement le même.

Repoussez-vous l'étranger, brisez donc aussi la machine. Des deux façons, il faudra plus d'efforts pour se procurer même quantité de charbon.

Le capital se dirige spontanément vers l'emploi le plus lucratif. La protection le détourne vers un emploi moins lucratif, en faisant payer la différence par une taxe levée sur les consommateurs. La production est diminuée d'autant.

Un dernier argument est invoqué par les protectionnistes. Pour les objets de première nécessité, disent-ils, le blé et le fer, par exemple, un pays ne peut dépendre de l'étranger; car, en cas de guerre, il ne pourrait plus ni se nourrir, ni se défendre.

Réponse : Il n'est pas d'exemple qu'un peuple, en temps de guerre, ait manqué des choses nécessaires. Aujourd'hui, cela est encore moins à craindre qu'autrefois : d'abord à cause des chemins de fer qui facilitent le ravitaillement; en second lieu, parce que le traité de Paris de 1856 a admis que les navires neutres peuvent continuer à transporter les marchandises des belligérants.

Le blocus hermétique d'un État est donc devenu plus impossible que jamais.

N'est-il pas insensé de s'infliger un dommage permanent et certain, pour en éviter un autre éloigné et plus qu'improbable ?

§ 2. La balance du commerce.

La balance du commerce est la comparaison qu'établit un pays entre ses exportations et ses importations.

Quand le total des exportations dépasse celui des importations, la balance est dite favorable, parce que la différence, croyait-on, doit être soldée en numéraire par l'étranger ; dans le cas contraire, elle est dite défavorable, parce que le pays doit payer l'excédent de ses importations, au moyen de métaux précieux.

Ce calcul, a-t-on dit, est erronné. En effet, j'exporte pour un million de marchandises, et la douane en constate la sortie. Mais le navire qui les porte périt; je ne puis donc rien acheter en retour; excédant des importations : un million. Cependant le pays est appauvri d'autant. Au contraire, mes marchandises, arrivées à destination, sont vendues un million et demi, et je les emploie à acheter d'autres marchandises, qui, importées chez nous, me donnent un nouveau bénéfice. La douane constate la sortie d'un million et l'entrée d'un million et demi : balance défavorable, un demi-million. Et pourtant le demi-million est exactement ce dont le pays s'est enrichi.

Les faits, ajoute-t-on, corroborent ces exemples, car les pays les plus riches ont des excédents d'importation : par exemple, l'Angleterre pour plus de deux milliards, la France, en ces dernières années, pour un milliard.

En 1880, l'Angleterre a importé pour trois milliards et demi de plus qu'elle n'a exporté, qui proviennent, estime-t-on : deux milliards, de ses bénéfices sur fret, assurances, et profits des marchands, et un milliard et demi, de l'intérêt des capitaux placés à l'étranger.

Cependant, à mon avis, tout n'était pas erreur dans l'ancienne doctrine de la balance du commerce. Maintenant encore, les hommes d'affaires suivent d'un œil attentif et parfois anxieux, les fluctuations de la balance. En effet, si la balance habituelle des exportations et des importations vient à être dérangée, par exemple, quand il faut payer le grain nécessaire pour combler le vide laissé par une mauvaise récolte, cet excédent d'importation doit être soldé au moyen du numéraire. La monnaie, moyen des échanges et base du crédit, devient rare, et il en résulte une gêne ou une crise.

§ 5. Ce que les libre échangistes n'ont pas vu.

Supprimer du travail, et non l'accroître, tel est le but. Le libre échange l'atteint comme la machine. Donc tous deux sont un bien : rien n'est plus évident.

Mais il est des hommes qui vivent uniquement du travail. Le supprimez-vous, ils n'ont plus qu'à disparaître.

Le libre échange, comme la machine, peut donc imposer un déplacement aux travailleurs, car ils doivent quitter la place où la douane leur imposait un travail stérile, pour se rendre là où, avec moins d'efforts, ils obtiendront plus de produits.

C'est ce qui a eu lieu, en France, quand la Révolution de 1789 a abattu les douanes intérieures qui séparaient les anciennes provinces.

Abolissez les douanes qui séparent aujourd'hui les différents États, et le même fait peut se reproduire.

Le déplacement opéré, les hommes seront partout mieux pourvus, car leur travail sera plus productif, mais ils seront peut-être autrement distribués, ce qui ne se fera pas sans souffrances.

La conclusion est celle-ci : Ne faites pas naître, par un monopole légal, des ouvriers là où la nature ne leur aurait pas accordé une rémunération suffisante. Mais, quand ils existent, réformez vos tarifs avec prudence et prévoyance.

§ 4. Le système de la protection temporaire.

Nul n'a mieux exposé ce système qu'un économiste allemand, Friedrich List[1], l'initiateur de l'Union douanière allemande (*Zollverein*), d'où est sortie l'unité politique de l'Allemagne.

Le but final, dit-il, est le libre échange universel; mais, pour qu'il apporte à chaque État, et par conséquent au genre humain, le plus d'avantages possible, il faut que chaque peuple tire le meilleur parti de ses ressources naturelles.

Un pays exclusivement agricole est nécessairement arriéré : voyez la Pologne d'autrefois.

Sans doute il est mauvais que le privilège fasse naître des industries artificielles, mais bien des industries naturelles à une contrée ne s'y développeront pas, si au début elles ne sont pas protégées. La meilleure voie pour arriver au libre échange et pour en tirer le meilleur profit est donc la protection temporaire.

Adam Smith et Stuart Mill ont émis la même opinion. Je n'en admets ni les motifs, ni la conclusion.

Un pays agricole n'est pas nécessairement arriéré. Si la Pologne l'a été autrefois, ainsi que le prétend List, c'est parce qu'une aristocratie frivole, disposant du revenu net, l'a employé à s'amuser, et n'a rien fait

---

1. Friedrich List, né en 1789, à Reutlingen, dans le Wurtemberg, mort en 1846. Son principal ouvrage est intitulé : *Das national System der politischen Œconomie;* il a été traduit en français par Henr Richelot. L'idée fondamentale est que les conclusions économiques doivent tenir compte de l'existence des nations indépendantes.

pour l'instruction de ses serfs ni d'elle-même. Dans aucun pays la culture intellectuelle et morale, l'aisance et le bonheur n'ont été aussi généraux que dans la Nouvelle-Angleterre, avant que la protection y ait développé la grande industrie.

On a l'habitude de mesurer la civilisation d'un État d'après la masse des produits que l'industrie y fait naître. C'est à tort : jamais la civilisation n'a brillé d'un plus vif éclat qu'à Athènes, où les arts et les lettres ont atteint le plus haut point de perfection, mais où, l'industrie était restée dans l'enfance.

La protection n'est plus nécessaire aujourd'hui, comme au temps d'Adam Smith. Les découvertes et les procédés sont immédiatement connus partout. Le capital et l'esprit d'entreprise sont sans cesse en quête pour exploiter les richesses naturelles, dans quelque pays que ce soit.

La protection temporaire devient permanente, car les intérêts que le privilège a créés se coalisent et s'opposent à toute réforme.

§ 5. Le système de la réciprocité.

Les partisans de ce système disent : Nous voulons le libre échange, mais réciproque et bilatéral : l'étranger nous ouvre-t-il sa frontière, nous lui ouvrons la nôtre ; taxe-t-il nos produits, nous taxons les siens. C'est la loi du talion appliquée au commerce. C'est aussi le cas des représailles à la guerre. Ce système est appelé maintenant en Angleterre *fair trade* « commerce loyal », par opposition à *free trade* « commerce libre. »

Les libre-échangistes répondent : L'étranger, en taxant vos produits à l'entrée, vous cause un dommage ; mais, en taxant les siens, vous vous causez un second dommage, puisque vous vous obligez à payer ceux-ci plus cher. Parce qu'il vous nuit, vous vous mettez à l'amende. Il vous appauvrit, et vous vous ruinez.

Le système de la réciprocité ne peut se défendre que comme moyen de guerre. Mais à ce titre il sert de base à tous les traités de commerce. En taxant les produits des principales industries de l'étranger, je me fais, chez lui, des alliés de tous ceux qui les exercent, car, pour obtenir que j'abaisse les droits, ils réclameront qu'on me fasse des concessions.

La réciprocité est l'enseignement obligatoire du libre échange.

§ 6. Les traités de commerce.

Chaque État arrête une liste des droits à payer à l'importation des différentes espèces de marchandises. C'est ce que l'on appelle le tarif général.

Ensuite, il négocie avec les autres États des traités de commerce, dans lesquels il accorde des réductions de droit sur certaines marchandises, à condition qu'on en accorde pour les siennes. Chacun tâche d'obtenir ainsi des droits plus modérés pour les industries dont la prospérité lui tient le plus à cœur. La France insiste pour ses vins et ses soieries, la Belgique pour ses charbons et ses fers, l'Angleterre pour ses cotons et ses quincailleries.

Les États signataires stipulent souvent que chacun

d'eux jouira de toutes les réductions accordées ultérieurement à d'autres pays.

C'est la clause « de la nation la plus favorisée ».

L'avantage des traités de commerce, c'est d'assurer
à l'industrie cette chose essentielle : la stabilité du
régime des douanes étrangères pendant toute la durée
des traités.

Aujourd'hui, les traités de commerce ont plus d'im
portance que les traités politiques, car c'est des premiers que dépend, en partie, le progrès de l'industrie
dans chaque pays, et, ce qui n'est pas moins important,
le développement des relations commerciales et de
la communauté d'intérêts entre les différents pays.

LIVRE IV.

LA CONSOMMATION DES BIENS.

—

CHAPITRE I.

DE LA CONSOMMATION DES BIENS.

§ 1. Qu'est-ce que consommer ?

Par les travaux successifs du cultivateur, du meunier et du boulanger, un pain a été produit. Je le mange, la matière reste; je ne puis en anéantir une parcelle; mais la propriété qu'elle avait de me nourrir sous forme de pain, c'est-à-dire son utilité, a cessé d'être. Il y a consommation d'un bien, d'une richesse. Consommer, c'est donc détruire, par l'usage, l'utilité que la production avait mise dans les choses.

L'utilité des choses peut être anéantie autrement que pour l'usage de l'homme. Une maison est brûlée; un objet ne sert plus, par suite d'un changement dans les goûts, dans la manière de vivre ou de produire : ainsi les chaises à porteur ou les sabliers. Dans ce cas, il y a destruction ou diminution de richesse; il n'y a pas consommation,

Certains économistes ont voulu exclure du cercle de leur science ce qui concerne la consommation, fait individuel, disaient-ils, qui relève de la liberté, de la morale et de l'hygiène.

C'est, au contraire, en s'occupant de l'emploi des richesses, que les anciens ont touché à l'économie politique. Ils avaient raison; car, d'abord, la production ne fait qu'obéir à la demande de la consommation. En second lieu, faire servir la richesse au développement de l'homme, tel est le but dernier de la science économique. L'usage rationnel des biens constitue la félicité des peuples, et c'est précisément cela qu'ont en vue toutes les sciences sociales.

Bien répartir et bien employer la richesse est plus important qu'en beaucoup produire. Ainsi que l'a dit très justement Xénophon : « Toute richesse n'est utile que pour celui qui sait en faire un bon usage. »

C'est dans le règlement des dépenses que la morale et l'hygiène viennent imposer leurs commandements à l'économie politique. Ils sont nombreux, en voici quelques-uns :

Supprimer les consommations réellement improductives.

Diriger les consommations productives, conformément aux prescriptions de la science.

Régler la consommation de façon qu'elle favorise le développement des facultés morales, intellectuelles et physiques.

Ne rien accorder au superflu avant d'avoir satisfait au nécessaire.

Ne rien laisser perdre inutilement. C'est en ramassant l'épingle tombée à terre ou en utilisant la feuille blanche des lettres, que l'on fait fortune. C'est par l'économie que s'est fondée celle de la Hollande, parmi ses marais et ses sables. Comme dit le proverbe italien : *Molti pochi fanno un assai* « Beaucoup de petits riens font un grand tout ».

L'économie est un devoir à l'égard des siens et aussi des autres. Cette charmante femme du xviiie siècle, Mme Geoffrin, qui avait toujours table ouverte pour les gens d'esprit et bourse ouverte pour les malheureux, avait gravé sur ses jetons de jeu : *Économie est mère de libéralité.*

Dans son revenu, quel qu'il soit, faire la part de ceux qui, sans leur faute, manquent de tout; mais que la bienfaisance soit toujours un encouragement au travail, jamais à l'oisiveté.

Ne jamais favoriser les consommations nuisibles. « J'ai entendu dire que l'ivresse du peuple lui était nécessaire pour s'étourdir sur ses maux : il vaut mieux diminuer ses maux que vanter son ivresse. » (J.-B. Say, *Cours complet*, vii, 9.)

Veillez à tout et ne négligez rien. Rappelez-vous l'apologue oriental : Faute d'un clou, le cheval perd son fer; faute du fer, le cavalier perd son cheval, et faute de son cheval, il est pris et tué. Quand Garfield commandait un corps d'armée, il avait coutume de dire : « Tenez tout en ordre : de la roue d'un affût peut dépendre la victoire. »

§ 2. Différentes espèces de consommations.

On peut distinguer les consommations :

1° D'après les personnes qui les font : en *privées*,

faites par les particuliers, et *publiques*, faites par les pouvoirs publics, État, province, commune;

2° D'après le temps qu'elles durent : en *rapides* et *lentes*.

Les services rendus, la consultation d'un avocat ou d'un médecin, par exemple, se consomment à l'instant même; les denrées alimentaires, au bout de peu de jours et, au plus, dans l'année, sauf les vins et les conserves; les vêtements servent plus longtemps; l'ameublement, et surtout les bâtiments, plus longtemps encore.

Les consommations lentes sont préférables, car elles favorisent l'accumulation des choses utiles. Buvez une bouteille de vin de cinq francs : après la jouissance passagère, il ne reste rien. Achetez avec le même argent un bon livre, il vous procurera agrément et instruction à vous, votre vie durant, et à vos enfants après vous.

Quand tout passe par la bouche, on reste dans le dénuement. Une bonne maison bien meublée est le nid de la famille laborieuse et heureuse.

En Hollande, on trouve partout, même dans les campagnes, de jolies habitations où rien ne manque. Peuple raisonnable et prévoyant, les Hollandais ont créé le *home*, la « demeure confortable ».

3° D'après leur résultat, on distingue encore les consommations en *improductives* et *reproductives*.

Consommer les produits pour satisfaire les besoins rationnels, tel est le but de la production. La consommation est donc la raison d'être de la production et la fin dernière de l'activité économique.

Mais, pendant que je consomme, il faut que je reproduise, sinon je serai dans le dénuement, et tout s'arrêtera.

Sous peine de mort, la consommation doit donc être reproductive.

Elle est improductive ou stérile quand celui qui consomme ne produit rien. Évidemment, le fainéant ne peut vivre qu'en prélevant sur les fruits du travail d'autrui.

De la poudre est tirée dans une guerre injuste : consommation improductive, funeste même. De la poudre est tirée dans une houillère : consommation reproductive, car il en sort le charbon qui fait marcher les machines.

4° On peut distinguer encore la *consommation de jouissance* et la *consommation industrielle*. La première a pour but la satisfaction immédiate des besoins; la seconde, la confection de choses qui y serviront ultérieurement.

Toute production nécessite une consommation. Voulez-vous faire une paire de souliers, il faut consommer du cuir, du fil, des clous, des outils et des provisions, pour subsister pendant la durée du travail. La consommation industrielle correspond aux « frais de production ».

Les consommations de jouissance de l'ouvrier et de l'ingénieur, comme celles du magistrat ou de l'instituteur, sont aussi des consommations industrielles; car elles sont les frais de production du travail effectué ou du service rendu.

Si les biens produits dépassent les biens consommés, le pays s'enrichit. Dans le cas contraire, il s'appauvrit. L'accroissement de la richesse dépend donc du bon emploi des biens.

Un pays s'enrichit d'autant plus vite qu'il y a moins de consommations improductives et que les consommations industrielles sont plus productives.

§ 3. Faut-il encourager l'accroissement de la consommation?

L'accroissement des consommations reproductives est seul utile. Mais, dit-on, besoin est mère d'industrie : voyez le sauvage, il croupit dans l'inertie parce qu'il n'a pas de besoins.

Pour arracher l'homme à la vie végétative, il peut être bon, au début, de lui faire apprécier les aisances de la vie; mais, bientôt, ce qu'il faut lui apprendre, c'est d'accumuler du capital, de produire plus de biens et surtout d'en faire bon usage.

Les modernes, mesurant le degré de civilisation au raffinement des jouissances, poussent à la multiplication des besoins. Les anciens, au contraire, prêchaient la modération des désirs.

Celui qui peut dire, comme le philosophe antique : *Omnia mecum porto*, est vraiment libre. Celui qui a mille besoins en est esclave, et il a besoin d'autres esclaves pour les satisfaire.

Stuart Mill a dit : « On est utile aux autres, non par ce que l'on consomme, mais par ce que l'on ne consomme pas soi-même. » C'est ainsi, en effet, qu'on crée le capital, fonds des salaires, base du crédit et aliment de l'industrie.

CHAPITRE II.

LES CONSOMMATIONS PRIVÉES.

§ 1. Les consommations de luxe

Au xviiie siècle, on discutait beaucoup au sujet du luxe. « Le luxe, dit un financier, soutient les États. » — « Oui, répond un économiste, comme la corde soutient un pendu. »

L'économiste avait raison.

Est objet de luxe ce qui est à la fois superflu et coûteux, c'est-à-dire ce qui satisfait un besoin factice et a coûté beaucoup de journées de travail. Sacrifier le fruit d'un long travail à une vaine jouissance ne peut jamais être qu'un mal.

Mais ce qui était luxe hier cesse de l'être demain, si l'industrie perfectionnée le produit à bon compte. Une chemise sur le corps et une cheminée dans la maison étaient un grand luxe au moyen âge; c'est aujourd'hui une nécessité, même pour le plus pauvre.

La sagesse antique et la morale chrétienne condamnent le luxe avec une égale véhémence. L'instinct du bien leur avait fait voir ce qu'a démontré depuis la science économique. Le luxe est pour ceux qui jouissent une cause de soucis et de vices, et pour les autres, une source de misères.

Le luxe a sa racine dans trois penchants naturels à l'homme, dont deux sont des vices, et le troisième presque une vertu. Le premier de ces penchants est la sensualité, la recherche des jouissances raffinées ; le second, la vanité. Mais la sensualité a des limites, tandis que la vanité n'en a pas. « Héliogabale, dit Lampride, nourrissait les officiers de son palais d'entrailles de barbeaux, de cervelles de faisans et de grives, d'œufs de perdrix et de têtes de perroquets. » Claudius Esopus se faisait servir des plats de langues d'oiseaux instruits à parler.

Qui commande ces plats si follement coûteux? Est-ce la sensualité? Non, c'est la vanité.

Le comble du luxe est de faire violence à la nature.

Comme le dit Sénèque en parlant de Caligula : « *Nihil tam efficere concupiscebat quam quod posse effici negaretur. Hoc est luxuriæ propositum gaudere perversis.* « Il ne désirait rien tant que ce qui semblait impossible. La perversité est le condiment de la luxure. »

Le sauvage est plein de vanité : il se tatoue avant de se vêtir. L'homme supérieur cherche encore à se distinguer; mais c'est par la simplicité du costume et l'éclat de l'intelligence. Le luxe, nourrissant chez les uns la vanité, dont il est né, et chez les autres, l'envie, est une double source d'empoisonnement moral. L'antidote est la haute culture de l'esprit et du cœur.

Le troisième sentiment d'où provient le luxe est le goût du beau et l'instinct de l'ornementation, qui ont donné naissance aux arts. Heureusement, ce qui peut satisfaire cet instinct, ce n'est pas la richesse de la matière, mais la perfection de la forme.

Est-ce qu'une fleur naturelle n'est pas un ornement plus charmant que cette même fleur en pierreries, eût-elle coûté un million?

Une statuette de Tanagra, en terre cuite, n'est-elle pas mille fois plus ravissante qu'une idole en or pur, incrustée de diamants?

C'est surtout par le luxe public que le goût du beau et de l'ornementation doit être satisfait.

N'est-il pas déplorable que l'humanité, presque partout, gaspille une si grande partie de son temps à fabriquer des choses inutiles, quand tant d'hommes manquent encore du nécessaire? Quel accroissement de bien-être, si toutes ces forces, aujourd'hui perdues, étaient employées à la satisfaction des besoins essentiels!

Montesquieu dit à ce propos : « Tant d'hommes étant occupés à faire des habits pour un seul, le moyen qu'il n'y ait bien des gens qui manquent d'habits. » Et Rousseau : « Il faut des liqueurs sur nos tables : voilà pourquoi le paysan ne boit que de l'eau. Il faut de la poudre à nos perruques : voilà pourquoi tant de personnes n'ont pas de pain. »

On défend le luxe, non en lui-même, mais parce qu'il entretient le commerce et l'industrie, et qu'il donne de l'ouvrage aux ouvriers. Il n'y a pas de plus grande erreur. Elle a été celle de grands esprits et même d'économistes éminents. C'est un préjugé universel. Écoutez le « riche Bourgeois » de La Fontaine (L. VIII, 0) :

> Je ne sais d'homme nécessaire
> Que celui dont le luxe épand beaucoup de bien.

> Nous en usons, Dieu sait ! Notre plaisir occupe
> L'artisan, le vendeur...

« Les modes, dit Montesquieu, sont un objet important. A force de se rendre l'esprit frivole, on augmente
sans cesse les branches de son commerce. » Comme si
la frivolité pouvait favoriser la prospérité ! J.-B. Say a
raison quand il dit : « La rapidité successive des modes
appauvrit un État de ce qu'elle consomme et de ce
qu'elle ne consomme pas. »

Voltaire, dans *le Mondain*, exprime la même idée
que Montesquieu :

> Sachez surtout que le luxe enrichit
> Un grand État, s'il en perd un petit.
> Le pauvre y vit des vanités des grands.

M. de Sismondi[1] est encore plus précis. « Si tout à
coup, dit-il, la classe riche prenait la résolution de
vivre de son travail, comme la plus pauvre, et d'ajouter
tout son revenu à son capital, les ouvriers seraient réduits au désespoir et mourraient de faim. » (*Nouveaux
principes d'économie politique*, liv. II, ch. 11.) Ceci
est bien le préjugé vulgaire. Il naît d'un défaut d'analyse. Prenons le cas de Sismondi : le riche ajoute son
revenu à son capital : mais comment ? Il ne peut le faire
qu'en transformant son revenu en machines, en améliorations agricoles et industrielles ; tout cela exige l'emploi

---

1. Charles Sismonde de Sismondi, né à Genève en 1773, mort à Pise
en 1842. Historien et économiste. Ses *Nouveaux principes d'économie
pol.* (1819) et ses *Études d'écon. pol.* (1837) sont intéressants à étudier
parce que l'auteur, frappé des maux dont souffrait la population ouvrière
en Angleterre, dans le moment même où l'industrie manufacturière y
prenait un essor si extraordinaire, s'occupe principalement de la distribution des richesses.

d'une foule d'ouvriers. Mille francs dépensés en objets de mode feront vivre moins d'ouvriers qu'employés à faire défricher une lande, parce que la main-d'œuvre à la campagne est moins chère qu'en ville.

Créer du capital, c'est toujours faire travailler, et c'est, en même temps, augmenter le salaire, parce que la mise en œuvre d'un nouveau capital réclame de nouveaux bras, qui, plus demandés, seront mieux payés.

Prétendre que le luxe entretient le travail, c'est dire que détruire des biens, c'est accroître le bien-être.

J.-B. Say raconte qu'étant au collège, il sortait le dimanche chez un oncle bon vivant et philanthrope. Au dessert, après avoir vidé gaiement une bonne bouteille, l'oncle cassait les verres en disant : « Il faut bien que tout le monde vive. » Ici l'erreur est saisie sur le vif; si l'oncle avait brisé toute sa vaisselle et saccagé sa maison, il aurait fait vivre encore bien plus de monde. A ce compte, Néron brûlant Rome est un bienfaiteur de l'humanité, et l'incendie, une source de richesse.

Voici la vérité : si, avec l'argent employé à remplacer ses verres cassés, l'oncle de Say avait planté quelques arbres, il aurait rétribué autant d'heures de travail. Mais, tout en conservant ses verres, il aurait eu, en plus, ses arbres qui, devenus grands, abattus, sciés et convertis en meubles, lui auraient procuré, à lui un revenu, à d'autres des meubles et aux ouvriers un surcroît de besogne.

Les historiens et les moralistes s'accordent à dire que le luxe accompagne la décadence des empires. C'est vrai, mais c'est parce qu'il viole l'ordre social, plus encore que l'ordre moral. Les excès du luxe sont les conséquences d'une inégalité excessive, d'où résultent les dissensions civiles, le despotisme et la chute des États.

Voltaire dit avec raison : « Le luxe est la suite, non du droit de propriété, mais des mauvaises lois. Ce sont donc les mauvaises lois qui font naître le luxe, et ce sont les bonnes lois qui peuvent le détruire. » C'est ce que fera, avec le temps, le partage égal des héritages, établi en principe par nos Codes. « Si, dit Montesquieu, les richesses sont également partagées, il n'y aura point de luxe ; car il n'est fondé que sur les commodités qu'on se donne par le travail des autres. »

« S'il n'y avait point de luxe, dit Rousseau, il n'y aurait point de pauvres. » Visitez les cantons alpestres de la Suisse ou les vallées de la Norwège, et vous verrez que Montesquieu et Rousseau n'avaient pas tort.

§ 2. Les assurances.

Par une combinaison très ingénieuse, les assurances donnent un corps à l'esprit d'économie et de prévoyance.

Si un grand nombre de personnes versent une cotisation annuelle, proportionnée au dommage éventuel auquel elles veulent se soustraire, on peut en faire un fonds qui permet d'indemniser celui que la chance mauvaise a atteint.

Ce fonds doit être égal à la moyenne des pertes subies annuellement, plus les frais d'administration.

On assure ainsi les maisons contre l'incendie, les récoltes contre la grêle, les navires et leurs cargaisons contre les risques de mer, les voyageurs contre les accidents, les hommes contre la mort.

En payant cinquante centimes par mille francs de la valeur réelle de ma maison, je puis acquérir le droit de recevoir cette valeur, si elle vient à brûler.

En versant chaque année une certaine somme, on peut obtenir pour ses héritiers un certain capital. L'annuité à payer dépend du capital stipulé et des chances de mort de l'assuré. Plus il est jeune, moindre est l'annuité, parce que plus grande est la probabilité qu'il la payera longtemps.

Les assurances sont basées sur le calcul des probabilités et des moyennes. Leurs avantages sont grands.

Elles affranchissent l'individu des chances mauvaises du sort. Elles lui inspirent le sentiment de la sécurité. Elles développent l'esprit d'épargne et de prévoyance dont elles émanent. Elles donnent une base solide au crédit personnel ou réel, car l'assurance constitue un gage pour le prêt. Elles propagent l'habitude de s'associer. Elles favorisent la reconstitution du capital.

Les associations de secours mutuels et les caisses de pension et de retraite reposent sur le même principe. Au moyen d'un prélèvement hebdomadaire ou semestriel, sur le salaire des ouvriers ou sur le traitement des fonctionnaires, on forme un fonds, au moyen duquel on paye une indemnité en cas d'accident, ou une pension pour la vieillesse.

CHAPITRE III.

LES CONSOMMATIONS PUBLIQUES.

§ 1. De l'utilité des consommations publiques.

Les consommations publiques sont celles que font les pouvoirs publics : État, province, commune.

Comme l'argent dépensé n'est pas anéanti, on s'est imaginé qu'elles ne détruisent rien et qu'elles favorisent la production. C'est la même erreur que pour les dépenses de luxe : l'argent continue à circuler, mais les biens que cet argent a payés ont été consommés.

« Le roi d'Angleterre, dit Voltaire, a un million de livres sterling à dépenser par an; ce million revient tout entier au peuple par la consommation. » Sans doute, l'argent n'est pas détruit; mais les objets achetés par le roi sont anéantis, et ses sujets en ont été privés.

Au lieu d'entretenir les soldats à la caserne, faites-les nourrir par les habitants : ceux-ci s'apercevront bien alors qu'il leur reste moins de denrées pour eux-mêmes. Les contributions payées pour entretenir les soldats représentent les denrées que, dans le second cas, ils consommeraient en nature.

Toute consommation publique est donc une destruction d'utilités. Ce qu'il faut examiner, c'est si l'utilité produite par l'action de l'État est plus grande que les utilités détruites.

§ 2. Les fonctions de l'État.

Les mauvais gouvernements ont fait tant de mal aux hommes, par la guerre, par la spoliation organisée et par l'excès des taxes mal établies, que les économistes veulent réduire le plus possible l'action de l'État.

Ils considèrent l'État comme un ulcère qui dévore la moelle des peuples. Ils diraient volontiers comme La Fontaine : « Notre ennemi, c'est notre maître; » ou ils vanteraient, avec Proudhon, l'anarchie (ἀναρχία), la suppression du gouvernement.

Cependant le progrès de la civilisation n'a été possible que par l'action de l'État.

Le droit défini et imposé est l'œuvre de l'État. Et c'est le droit qui, garantissant les fruits du travail à celui qui les crée, détermine la production.

Bacon a dit : *In societate aut vis aut lex valet* « Dans la société règne ou la loi ou la force ».

Règne de la loi : ordre, travail, économie, formation du capital, science, bien-être.

Règne de la force : luttes, spoliation, inertie, misère.

L'État, en faisant les routes et en y apportan la sécurité, a favorisé l'échange, la division du travail, la grande industrie, le commerce, l'enrichissement et la solidarité du genre humain.

Par l'instruction, l'État répand la science et les connaissances indispensables qui sont, nous l'avons vu. les principales sources du bien-être et de la vraie civilisation.

L'organisation d'une bonne justice est le premier intérêt des peuples. Pour être bonne, il faut qu'elle soit équitable, prompte et peu coûteuse. L'État seul peut la faire telle.

Il y a quelques années, un président de la Nouvelle-Grenade, tout imbu des pures doctrines économiques, annonça que désormais « l'État, ramené à son véritable rôle, laisserait tout à l'initiative individuelle ». Bientôt les routes étaient rompues, les ports ensablés, la sécurité nulle et l'instruction réduite à rien : c'était le retour à la sauvagerie et à la forêt primitive.

En Turquie, l'État ne fait rien, les caisses étant vides; mais il est imprudent d'aller, sur place, constater les bienfaits du système.

Toute consommation publique diminue d'autant la consommation privée; mais la première est souvent bien plus utile que la seconde. Si ce que vous enlevez aux truffes et aux vins fins est consacré aux bibliothèques et aux écoles, nul n'aura à s'en plaindre, pas même ceux qui auront payé.

« Les dépenses publiques, a dit Rossi[1], sont le moyen de rendre l'association générale profitable, non à quelques-uns seulement, mais à tous. »

---

1. Pellegrino Rossi, criminaliste, et économiste, né en 1787 à Carrare en Italie, assassiné à Rome en 1848. Son *Cours d'économie politique* est un bon ouvrage.

§ 3. Limites de l'action des pouvoirs publics.

A ce sujet, deux théories sont en présence : la théorie de l'État-Gendarme et la théorie de l'État-Providence.

Dans l'une, l'État se borne à garantir la sécurité ; dans l'autre, il assure à chacun le nécessaire et l'utile : la poule-au-pot et le reste.

La première théorie est celle de l'individualisme : de la perfection des individus résultera la perfection de l'État, qui est de n'être pas.

La seconde théorie est celle du socialisme, dont le modèle se trouve dans la République de Platon : que l'État soit parfait, et il en résultera la perfection des individus qui en sont les parties constituantes.

Adam Smith a tenu le milieu entre ces deux doctrines extrêmes. Il me paraît avoir parfaitement défini les fonctions de l'État.

Les voici d'après lui :

« La première consiste à protéger la société contre les attaques des autres nations indépendantes. » Sur ce point, tout le monde est d'accord.

« La seconde consiste à garantir chaque membre de la société des effets de la malveillance et de l'injustice de tout autre membre. »

Garantir à chacun la sécurité de sa personne et de ses biens et donner au droit l'appui de la force, telle est bien, en effet, la mission essentielle de l'État ; mais ni Smith ni ses successeurs ne semblent soupçonner combien elle est étendue et difficile.

Faire que chacun soit mis et maintenu en possession de ce qui lui revient, c'est faire régner la justice. *Cuique suum* est l'œuvre des lois civiles, — Instituts ou Codes, — qui dominent, en effet, toute l'activité économique.

« La troisième fonction consiste à ériger et à entretenir certains établissements utiles au public, qu'il n'est jamais dans l'intérêt d'un individu ou d'un petit nombre, de créer ou d'entretenir pour leur compte, par la raison que les dépenses qu'occasionnent ces établissements surpasseraient les avantages que pourraient en retirer les particuliers qui en feraient les frais. » (*Richesse des Nations*, liv. IV, ch. ix.)

Exemples : Les phares, les ports, les routes et les canaux, les académies, les hôpitaux, parfois les écoles, etc.

L'initiative individuelle doit être la règle, l'intervention de l'État, l'exception. Pour la justifier, il faut deux conditions : premièrement, qu'il s'agisse d'un intérêt public essentiel ; secondement, que les particuliers ne créent point les services que cet intérêt réclame. C'est à ce titre que Turgot considère l'instruction publique comme le premier devoir de l'État. L'intervention de l'État, même justifiée, offre toujours des inconvénients :

1° Ce qu'il fait, il ne l'exécute ni vite, ni à bon marché.

2° Le népotisme, le favoritisme, les exigences des partis politiques, ont souvent ce résultat, qu'il se fait des choses inutiles, ou que les choses utiles sont mal faites.

3° L'action de l'État, habituant les individus à compter sur lui, les rend inertes.

L'historien Bunsen voit à Rome une maison qui

brûle. La foule crie; mais personne ne bouge. Pourquoi? *Tocca al governo* « c'est l'affaire du gouvernement », lui répond-on.

Aux États-Unis, quand un incendie éclate, de toutes parts accourent des pompes admirablement organisées par les particuliers. L'initiative individuelle est cultivée et active.

Jules Simon dit : « L'État doit travailler à se rendre inutile et préparer sa démission. » C'est vrai, mais à condition qu'il ne la donne pas trop tôt.

Sous l'ancien régime, la police était faite, en Espagne, par une société privée. Elle portait un très beau nom : la *Santa Hermandad* « la Sainte Fraternité »; mais elle faisait de très vilaines choses.

Si les hommes voyaient clairement ce qui est leur intérêt, leur droit et leur devoir, ils feraient spontanément tout ce qu'ils doivent faire et rien que ce qu'ils doivent faire. Toute contrainte deviendrait inutile. L'État cesserait d'être nécessaire. Ce serait le règne absolu de la vraie liberté qui consiste à faire ce qui est bien.

A mesure que la société progresse, le rôle de l'État doit donc diminuer. Mais ce progrès même est, en grande partie, l'œuvre de l'État.

La fonction essentielle et permanente de l'État est la proclamation et le maintien du droit. L'État est, comme l'a bien dit Quesnay, LA FORCE MISE AU SERVICE DE LA JUSTICE. Sa fonction transitoire, mais non moins importante, est de favoriser l'avancement de la civilisation.

Il est, avant tout, le juge et le gendarme. Mais il est aussi le constructeur de routes et le maître d'école.

§ 4. Le luxe public.

Plus la société devient démocratique, plus l'État est justifié d'encourager le grand art, le seul luxe qu'il puisse se permettre. L'Athènes de Périclès sera toujours un modèle à suivre.

Pindare dit dans la septième olympiade : « Le jour où les Rhodiens élevèrent un autel à Minerve, il tomba sur l'île une pluie d'or. » La pluie d'or qui tombe sur le peuple, quand on favorise comme il le faut, les lettres et les beaux-arts, c'est celle des jouissances pures et désintéressées.

Voici ce que dit M. Baudrillart[1] dans son *Histoire du luxe*, au sujet du luxe public : « Tantôt il invite la masse à jouir de certains agréments, comme les jardins publics, les fontaines ou le théâtre; tantôt il ouvre les trésors du beau aux multitudes, sevrées de la possession des œuvres de la statuaire et de la peinture. Pour l'art, il a des musées, comme il a des bibliothèques pour les sciences et les lettres, et des expositions pour l'industrie. Sous toutes les formes, enfin, ce luxe collectif, s'il est bien dirigé, profite à tous. Il élève le niveau et féconde le génie de l'industrie. Ce luxe, en outre, a un mérite éminent : il ôte au faste ce qu'il a, chez les particuliers, d'égoïste et de solitaire. Il met à la portée de la foule des biens dont le riche seul jouit habituelle-

---

1. Baudrillart, né en 1821, outre l'*Histoire du Luxe*, a publié un grand nombre d'ouvrages d'économie politique, entre autres un *Essai sur les rapports de l'Économie politique et de la morale*, et un *Manuel*, devenu classique avec celui de M. Joseph Garnier.

ment, ou ne fait jouir momentanément qu'un petit nombre de personnes. »

Athènes a élevé le niveau de la civilisation par la culture assidue du sentiment esthétique. M. Félix Ravaisson veut arriver au même but par l'art dans l'école. « Si, dit-il, l'éducation doit d'abord procéder par réalités et images, c'est pour s'en servir comme de véhicules, afin de s'élever à ce que l'intellectuel a de plus sublime.... L'homme du peuple sur lequel pèse, d'un poids si lourd, la fatalité matérielle, ne trouverait-il pas le meilleur allègement à sa dure destinée, si ses yeux étaient ouverts à ce que Léonard de Vinci appelle la *Bellezza del Mondo*, s'il était ainsi préparé à jouir, lui aussi, de ces splendeurs que l'on voit répandues sur tout le vaste monde, et qui, devenues sensibles au cœur, comme s'exprime Pascal, adoucissent ses tristesses et lui donnent le pressentiment et l'avant-goût de meilleures destinées. »

Le luxe public ne doit jamais être prélevé sur le nécessaire du peuple, ni encourager chez les riches le goût de l'ostentation et de la sensualité. Il doit toujours servir à fortifier ces sentiments élevés : l'amour de la patrie et de l'humanité, du bien et de la justice.

CHAPITRE IV.

§ 1. Qu'est-ce que l'impôt?

Pour payer les services et les serviteurs de l'État, il faut des revenus. Ces revenus peuvent être fournis soit par des domaines, soit par des impôts.

Autrefois, les rois tiraient presque tous leurs revenus de leurs domaines, comme un particulier vit du loyer de ses terres. Aujourd'hui, les terres de la couronne, comme en Russie, ou ailleurs les chemins de fer appartenant à l'État, comme en Belgique, donnent un certain revenu. Cependant, c'est principalement par l'impôt qu'il est pourvu aux dépenses publiques.

Il y avait cet avantage dans les revenus obtenus des domaines, qu'ils ne diminuaient pas ceux des particuliers. L'impôt est un prélèvement imposé sur les revenus de ceux qui y « contribuent », c'est-à-dire des contribuables. Les citoyens achètent à ce prix les avantages de l'ordre social. Montesquieu dit parfaitement : « Les revenus de l'État sont une portion que chaque citoyen donne de son bien, pour avoir la sûreté de l'autre, ou pour en jouir plus agréablement. » (*L'sprit des Lois*, liv. XIII, ch. I.)

Quand, en échange de l'impôt, l'Etat ne donne ni sécurité ni agrément, il y a spoliation, suivant J.-B. Say. Que dire quand les spoliations du despotisme servent à organiser l'oppression du peuple?

Lorsque l'impôt est modéré, bien assis et bien employé, il n'y a point de dépense qui soit plus profitable à la généralité de la nation, et plus utile aux moins aisés.

§ 2. Règles concernant l'établissement de l'impôt.

Les règles concernant l'établissement des impôts sont d'une extrême importance, car la décadence des peuples et les révolutions ont, ordinairement, pour cause principale les impôts excessifs ou mal assis.

Même quand les dépenses faites par l'État sont nécessaires ou très utiles, les impôts qui en fournissent les moyens offrent toujours des inconvénients. Pour diminuer autant que possible ces inconvénients, certaines règles ont été indiquées; les voici :

1° L'impôt doit être en proportion des ressources des contribuables. Ainsi le veut la justice. Sous l'ancien régime, c'était le contraire; les riches, c'est-à-dire la noblesse, ne payaient rien; les pauvres, c'est-à-dire les travailleurs, payaient tout.

Écoutons le maréchal de Vauban, sur ceci : « Dans les paroisses taillables, ce n'est ni la bonne ou la mauvaise chère, ni la bonne ou la mauvaise fortune qui règlent la proportion de l'imposition, mais l'envie, le support, la faveur ou l'animosité. La véritable pauvreté ou la feinte y sont presque toujours également accablées. » (*La Dîme royale.*) C'était un régime de terreur aux mains de l'ignorance et de la partialité, et par suite le découragement de l'agriculture.

2° L'impôt doit être complètement déterminé d'avance dans tous les détails : quotité, modes et époques du payement. Quand il en est autrement, les contribuables sont à la merci des agents du fisc. Les premiers deviennent serviles, et les seconds tyranniques, comme on le voit souvent en Orient.

3° L'impôt ne doit pas frapper les agents de la production, mais le produit obtenu. Ainsi il ne faut pas mettre de taxes sur le bétail, sur les arbres, sur les machines à vapeur, etc. En beaucoup de villages de la Palestine on a arraché les palmiers, source de la richesse, parce que chaque arbre payait l'impôt. Si l'impôt avait été mis sur la terre, on aurait eu intérêt à y planter le plus d'arbres possible, afin de diminuer, pour chacun d'eux, le poids de la taxe.

L'impôt a souvent fait plus de mal, parce qu'il était mal assis, que parce qu'il était trop élevé.

4° L'impôt doit être perçu au moment où le contribuable est le plus à même de le payer. Ainsi on permet de payer l'impôt foncier par douzième. L'impôt sur les successions se paye facilement ; car c'est un surcroît inattendu de ressources pour celui qui déjà auparavant avait de quoi vivre.

5° L'impôt doit, autant que possible, rapporter à l'État ce qu'il coûte aux citoyens. Les frais de perception sont payés par la nation et perdus pour le fisc. Les octrois perçus à l'entrée des villes coûtent souvent vingt ou trente pour cent, lesquels servent à entretenir des percepteurs, qui sont détournés du travail productif et qui gênent la circulation des biens que les autres produisent.

6° L'impôt doit être modéré et ne jamais s'élever au point de décourager le travail.

« Les exacteurs de l'ancien régime, dit J.-B. Say, avaient coutume de dire : Il faut que le paysan soit pauvre; c'est le seul moyen qu'il ne soit point paresseux. » L'agriculture négligée, les terres en friche, le paysan inerte, la misère devenant fréquemment famine, telles étaient les conséquences de ce système.

Quand l'impôt prélève une trop grande part du produit, le travail est découragé, et la décadence économique commence. Sous Louis XIV, on arrachait les vignes pour échapper à l'impôt des aides. « Les aides, dit Vauban, emportent souvent le prix de la denrée. » Les excès de l'impôt ont ruiné les deux plus puissants empires du monde, l'empire romain et l'empire de Charles-Quint.

En France, les impôts perçus par l'État, les départements et les communes dépasseront en 1882 quatre milliards, et le revenu foncier net n'était estimé en 1874 qu'à 3 950 millions. La limite qu'il serait dangereux de franchir paraît près d'être atteinte.

7° L'impôt ne doit jamais provenir d'une source immorale, par exemple de la loterie ou des maisons de jeux. Pour fixer la cote du contribuable, il ne faut pas lui déférer le serment car c'est donner une prime au parjure.

8° Il ne faut pas qu'on puisse échapper à l'impôt en trompant le fisc, sinon il y a encouragement à la fraude. Les taxes de la douane ont cet effet quand elles font naître la contrebande.

Il n'est pires lois que celles qui habituent à violer les lois.

§ 3. Incidence des impôts.

Déterminer « l'incidence » de l'impôt, c'est dire sur qui en retombe (*incidere*) la charge.

L'action de la plupart des impôts se répercute, et la charge en est partagée. Frappez d'un impôt les subsistances de l'ouvrier, le salaire augmentera, car il faut bien que l'ouvrier vive. Le salaire augmenté fera renchérir les marchandises, et ainsi, en fin de compte, l'impôt retombera sur le consommateur.

Augmentez la patente du boutiquier, il en portera le montant dans ses factures, et ce seront ses clients qui payeront.

D'incidence en incidence, toute la charge retombe sur la terre, disaient les physiocrates; non, prétendent d'autres, c'est toujours le consommateur qui finit par payer.

Ce qui est vrai, c'est que, quand un impôt existe depuis longtemps, tout le monde directement ou indirectement en porte une part. Laquelle? il est difficile de le dire; mais la société s'y est faite, comme le pied et le soulier finissent par s'accommoder l'un à l'autre.

En conclusion: si vous le pouvez, supprimez le plus d'impôts qu'il se peut, et commencez par les plus mauvais, mais évitez de les remanier.

§ 4. L'impôt unique.

Quand on voit la liste innombrable des impôts qu'a inventés l'esprit de fiscalité, on se dit : A quoi bon toutes ces complications? Pourquoi ne pas demander directement à chacun sa part contributive, en proportion de sa fortune? Alors, on propose l'impôt unique sur la terre, comme les physiocrates, ou sur le revenu, comme d'autres, ou sur le capital, comme d'autres encore.

Ce qui empêche d'adopter ce plan si séduisant, c'est la difficulté de trouver une base garantissant que l'impôt sera proportionnel aux ressources de chacun. La terre ne doit pas tout payer; car elle n'est pas la source unique de la richesse. Le capital fixe ne doit pas tout payer; car ceux qui tirent des revenus de leurs capitaux circulants ou de leurs fonctions : commerçants, banquiers, avocats, médecins, ingénieurs, boutiquiers, ne payeraient rien ou presque rien. Exiger de chacun une contribution en rapport avec son revenu, serait parfaitement équitable; mais quel est le revenu de chacun?

Au lieu de grosses iniquités, atteignant quelques-uns, il vaut mieux se résigner à en subir une infinité de minimes, qui se répartissent entre tous.

§ 5. Les impôts directs et les impôts indirects.

Les impôts directs frappent directement ceux que l'on veut atteindre, par exemple, le propriétaire d'une terre, quand il paye l'impôt foncier. Les impôts indirects sont supportés, en réalité, par les consommateurs, mais par l'intermédiaire des fabricants qui en font l'avance. Le fabricant de sucre paye l'impôt sur cette denrée; mais, le prix augmentant à proportion, c'est celui qui consomme du sucre qui indirectement supporte l'impôt.

Les hommes d'État qui entretiennent de grandes armées préfèrent les impôts indirects, parce qu'ils sont payés par le peuple sans qu'il le sache. On peut plumer la poule sans qu'elle crie. Mais leurs inconvénients sont grands : ils entravent le commerce, comme les taxes douanières; ils gênent l'industrie, comme l'impôt sur le sucre; ils diminuent le bien-être de l'ouvrier, comme l'impôt sur le sel, la bière ou le vin.

Malheureusement, comme ils rapportent beaucoup, il est difficile de les supprimer. Deux pays libres, l'Angleterre et les États-Unis, tirent leur principal revenu des impôts indirects.

Règle générale : Épargnez les consommations de première nécessité, comme le sel et le pain, et frappez fortement les consommations superflues ou nuisibles, comme le tabac et l'eau-de-vie.

§ 6. Le budget.

Le budget, — mot anglais de l'ancien français, *bogète*, petite poche, — est l'estimation des recettes et des dépenses de l'État, pour une année.

Dans les pays libres, le budget, présenté par le ministre des finances, est voté par le Parlement.

Le vote annuel du budget est l'arme au moyen de laquelle le pouvoir législatif, le Parlement, peut imposer sa volonté au pouvoir exécutif, le souverain élu ou héréditaire. Celui-là est le maître qui tient les cordons de la bourse. Si le Parlement ne vote pas les impôts, le souverain est réduit à l'impuissance, à moins qu'il ne les lève quand même, par un coup d'État.

Le budget doit être clair, exact et exempt de déficit.

Dans les États modernes, cette dernière qualité est rare. La *bogète*, la petite poche, est devenue énorme. Elle s'agrandit chaque année, et ordinairement elle est percée.

§ 7. Les emprunts.

Quand il y a déficit dans le budget, par suite d'un événement imprévu, guerre, disette, ou excès de dépenses ordinaires ou extraordinaires, les États recourent à l'emprunt. Le budget des années suivantes est alors grevé des intérêts et de l'amortissement des emprunts.

Presque tous les États font des dettes avec une facilité qu'on ne peut assez déplorer. Le ministre qui emprunte fait de grandes choses. Le public qui souscrit y trouve un placement facile. Le contribuable est aveugle ou indifférent, et, s'il calcule, il ne s'occupe que du fait actuel. Les avantages de la dépense sont pour le présent, et le poids de la dette est pour l'avenir.

Plus l'imprévoyance est grande dans un pays, plus le système de l'emprunt est dangereux. En Espagne, au Mexique, au Pérou, en Turquie, il a ruiné ou l'État ou ses créanciers, et souvent tous les deux.

Il n'est légitime de mettre une dette à la charge des générations futures que pour sauver le pays ou pour exécuter des travaux dont l'avenir profitera.

Les fondateurs de la République des États-Unis condamnaient toute dette perpétuelle. Ils pensaient que chaque génération doit payer celles qu'elle contracte. C'est pour le faire que les citoyens des États-Unis continuent encore à payer des impôts de guerre, jusqu'à ce que la dette soit complètement remboursée.

Le public comprend si peu les effets fâcheux des emprunts, qu'il est prêt à répéter cette sottise, dite par Voltaire : « Un État qui ne doit qu'à lui-même ne s'appauvrit pas, et ses dettes mêmes sont un nouvel encouragement à l'industrie. » (*Observations sur le commerce, le luxe et les impôts.*)

Pour faire face à des dépenses exceptionnelles, il vaut mieux avoir recours à l'impôt qu'à l'emprunt, comme l'a toujours soutenu et fait le grand ministre anglais M. Gladstone.

Des deux façons, l'argent, ou les marchandises qu'il permet d'acquérir, sont soustraits à la consommation des particuliers et employés par l'État. Le prélèvement opéré par l'impôt est plus dur, car le contribuable ne reçoit pas de titres en échange. Le prélèvement opéré par l'emprunt l'est moins, mais il est perpétuel. Chaque année, le contribuable doit prendre sur ses jouissances de quoi payer sa part de l'intérêt de la dette de l'État. En outre, comme le remarque de Tracy, « le payement de ces intérêts fait vivre une foule d'oisifs qui, sans cela, seraient obligés de travailler ou de faire travailler utilement leurs capitaux. » (*Commentaire sur l'Esprit des lois*, liv. XXII.)

Les dettes de la plupart des pays civilisés sont énormes, et plusieurs d'entre eux ne parviennent même plus à en payer intégralement l'intérêt promis. Le tableau suivant fait voir quelle était la dette des principaux États en 1879 :

EUROPE :

	EN MILLIONS DE FRANCS.
États-Unis.	10 135
Allemagne.	5 500
Autriche-Hongrie . . : .	10 531
France	20 625
Grande-Bretagne.	19 456
Russie	15 000
Italie	10 212
Espagne	13 125
Pays-Bas	2 050
Belgique	1 155
Danemark.	256
Suède.	300
Norwège	131
Portugal	2 062
Grèce.	500
Turquie	6 250
États tributaires turcs . .	525
Suisse	35
TOTAL.	118 848

Soit cent dix-neuf milliards de francs.

TABLE DES MATIÈRES.

—————

PREMIER LIVRE.

NOTIONS PRÉLIMINAIRES.

CHAPITRE I.

CHAPITRE II.

CHAPITRE III.

CHAPITRE IV.

CHAPITRE V.

CHAPITRE VI.

DEUXIÈME LIVRE.

LA PRODUCTION DES BIENS.

CHAPITRE I.

CHAPITRE II.

CHAPITRE III.

CHAPITRE IV.

CHAPITRE V.

CHAPITRE VI.

CHAPITRE VII.

CHAPITRE VIII.

CHAPITRE IX.

TROISIÈME LIVRE.
LA RÉPARTITION ET LA CIRCULATION DES BIENS.
PREMIÈRE PARTIE.
LA RÉPARTITION DES BIENS.

CHAPITRE I.

CHAPITRE II.

CHAPITRE III.

CHAPITRE IV.

CHAPITRE V.

CHAPITRE VI.

CHAPITRE VII.

CHAPITRE VIII.

CHAPITRE IX.

DEUXIÈME PARTIE.

LA CIRCULATION DES BIENS.

CHAPITRE I.

CHAPITRE II.

CHAPITRE III.

CHAPITRE IV.

CHAPITRE V.

CHAPITRE VI.

QUATRIÈME LIVRE.

LA CONSOMMATION DES BIENS.

CHAPITRE I.

CHAPITRE II.

CHAPITRE III.

CHAPITRE IV.

49 066. — PARIS, IMPRIMERIE LAHURE

9, rue de Fleurus, 9.

BIBLIOTHÈQUE VARIÉE, FORMAT IN-16
A 3 FR. 50 LE VOLUME

POLITIQUE ET ÉCONOMIE POLITIQUE

ABOUT : *L'A B C du travailleur*; 5e édition. Un vol.

ANONYME : *L'Expansion de la France et la diplomatie. Hier — Aujourd'hui.* Un vol.

BAUDRILLART, de l'Institut: *Économie politique populaire*; 3e édition. Un vol.

BONET-MAURY : *Le Congrès des religions à Chicago en 1893.* Un vol.

BRUNET (L.), député de la Réunion : *La France à Madagascar*; 2e édition. Un v.

BURDEAU (A.) : *L'Algérie en 1891*; rapport et discours à la Chambre des députés. Un vol.

CABART-DANNÉVILLE, sénateur: *La défense de nos côtes.* Un vol.

CARO, de l'Académie française: *Les jours d'épreuve (1870-1871).* Un vol.

CHERBULIEZ, de l'Académie française : *L'Espagne politique (1868-1873).* Un vol.
— *Hommes et choses d'Allemagne.* Un vol.
— *Hommes et choses du temps présent.* Un vol.

CHEVRILLON : *Sydney Smith et la renaissance des idées libérales en Angleterre au XIXe siècle.* Un vol.

COLSON (C.) : *Les chemins de fer et le budget.* Un vol.

DU CAMP (M.), de l'Académie française : *Paris, ses organes, ses fonctions, sa vie*; 8e édition. Six vol.
— *La charité privée à Paris*; 4e édit. Un v.
— *La Croix rouge de France*, société de secours aux blessés militaires de terre et de mer. Un vol.

FERNEUIL : *Les principes de 1789 et la science sociale.* Un vol.

FOUILLÉE, membre de l'Institut : *L'idée moderne du droit en Allemagne, en Angleterre et en France*; 4e édition. Un vol.
— *La science sociale contemporaine*; 3e édition. Un vol.
— *La propriété sociale et la démocratie.* Un vol.

HERVÉ (L.) : *La crise irlandaise depuis la fin du XVIIIe siècle jusqu'à nos jours.* Un vol.

JOLY (H.), professeur à la Faculté des lettres de Paris : *Le socialisme chrétien.* Un vol.

JUSSERAND (J.) : *Les Anglais au moyen âge.* Deux vol. :
La vie nomade et les routes d'Angleterre au XIVe siècle. Un vol.
Ouvrage couronné par l'Académie française.
L'épopée mystique de William Langland. Un vol.

LAFFITTE (P.) : *Le suffrage universel et le régime parlementaire*; 2e édition. Un vol.
Ouvrage couronné par l'Académie française.

LAUGEL (H.) : *L'Angleterre politique et sociale.* Un vol.

LAVELEYE (E. de): *Études et essais.* Un vol.
— *La Prusse et l'Autriche depuis Sadowa.* Deux vol.

LEROY-BEAULIEU : *La Révolution et le libéralisme.* Un vol.

LÉVY (Raphaël-Georges) : *Mélanges financiers. La spéculation et la banque. — L'avenir des métaux précieux. — Le change. — Le billet de banque. —* Un vol.

METCHNIKOFF : *La civilisation et les grands fleuves historiques.* Un vol.

MILLET (R.): *La France provinciale. Vie sociale. — Mœurs administratives.* Un v.
— *Souvenirs des Balkans.* Un vol.
Ouvrage couronné par l'Académie française

PICOT (G.), de l'Institut : *La réforme judiciaire en France.* Un vol.

ROCHARD (Dr) : *Questions d'hygiène sociale.* Un vol.

SIMON (Jules), de l'Académie française : *La liberté politique*; 5e édition. Un vol.
— *La liberté civile*; 5e édition. Un vol.
— *La liberté de conscience*; 6e édit. Un v.
— *Le devoir*; 17e édition. Un vol.
Ouvrage couronné par l'Académie française.
— *L'ouvrière*; 9e édition. Un vol.

SPULLER (E.) : *Au Ministère de l'Instruction publique. Discours, allocutions, circulaires. 1re série (1887).* Un vol.
— *Au Ministère de l'Instruction publique. 2e série (1893-1894).* Un vol.

VARIGNY (De) : *Les grandes fortunes aux États-Unis et en Angleterre.* Un v.

49066. — Imprimerie LAHURE, rue de Fleurus, 9, à Paris. — 10-1902.